INHALTSVERZEICHNIS

EINFÜHRUNG IN DAS HEFT

Das vorliegende Heft ist angefüllt mit Geschichten und Projekten, die aufgrund des Beobachtens von Kindern im Vorschulalter entstanden sind.
Mit viel Tatendrang und Freude setzen Kinder die Fähigkeiten ihrer Hände ein. Sie wissen von klein an, dass sie am besten begreifen, was sie mit ihren Händen be-griffen haben. Im Begreifen all der Dinge, die sie umgeben, treten sie mit ihnen in Beziehung, lernen sie, die Dinge zu verstehen, erhalten sie einen Begriff von Welt und Dasein.
Wohl aus diesem Grund sind Kinder im Vorschulalter begeistert von den vielen Handwerksberufen, die es gibt. Unzählige Fragen an Eltern und Erzieherinnen bezeugen dies. Viele kindliche Rollenspiele sind voll davon. Selbst Fernsehserien und Computergames nehmen dieses Interesse auf.

Der Weg der *Religionspädagogischen Praxis* nimmt diese Form der Weltentdeckung ernst, ja hat sogar von ihr gelernt.
Auf ganzheitliche Weise werden im Folgenden Möglichkeiten aufgezeigt, wie in der Weltbegegnung mit allen Sinnen das Leben im wahrsten Sinne des Wortes in die Hände gelegt, angenommen und begreifbar wird.
Das Heft gliedert sich in zwei Teile:
Zum einen betrachten wir unsere eigenen Hände, spüren sie, werden mit ihnen tätig und sehen einzelne Gesten, über die wir uns mitteilen.
Zum anderen hören und erleben wir fünf Handwerkergeschichten. Zunächst scheinen diese nur von handwerklichem Tun zu erzählen. Sie wollen uns Erwachsene und die Kinder aber darüber hinaus hinführen zu einem religiösen Empfinden und Erleben. Das geschieht, wenn wir uns – wie die beschriebenen HandwerkerInnen – ganzheitlich mit Herz, Hand und Verstand in eine Tätigkeit hineinbegeben. Dies geschieht, wenn wir unser Handeln und Verstehen in Beziehung setzen zu Gott, von dem in einem wunderbaren Bild gesagt wird: „DU hast meinem Namen in DEINE Hand geschrieben.“ (Siehe hierzu auch Jes 49, 16 a)

An der Entstehung dieses Heftes haben viele mitgewirkt. Deshalb sei an dieser Stelle ein besonderer Dank gesagt: Herrn Georg Batzer für die Heftkonzeption und die Handwerkergeschichten, den Kindern und Erzieherinnen, die seine Beobachtungen angeregt haben, Frau Martina Zauner-Brunnhuber für ihre Gedanken, die uns auf die Wichtigkeit von Handeln und Verstehen hinweisen, ebenso Frau Monika Molnar für die liebevollen Zeichnungen in diesem Heft, des weiteren Herrn Thomas Brunnhuber, Frau Margot Eder und Herrn Franz Kett für die inhaltliche und redaktionelle Begleitung.

Wir hoffen, dass die nachfolgenden Darlegungen und Geschichten gute Anregungen für die religionspädagogische Praxis geben und zur Freude am Tun ermuntern.

Die Herausgeber

ENTSTEHUNG UND BEDEUTUNG DER GESCHICHTEN

Grundlegend an der Entstehung der nachfolgenden Geschichten beteiligt waren meine eigenen und die Kinder der verschiedenen Kindergartengruppen, die ich bisher begleiten durfte. Mit Begeisterung waren sie dabei, wenn es darum ging, eine Idee in die Tat umzusetzen.

Viele Stunden wurden da Webrahmen gebaut und Wollfäden zu kleinen Webstücken verwoben. Ganz mit ihrem Tun verbunden sagte unsere jüngste Tochter zu dieser Zeit: „Ich möchte einmal Weberin werden!"

Im Umgang mit Holz, Hammer und Nägeln entstand bei unserem Sohn der erste Berufswunsch: Schreiner. Da wurde über zwei Jahre hinweg an einem Holzhaus im Garten gezimmert, immer wieder kam ein neuer Gedanke hinzu und drängte zur Tat: Ein gebogenes Rindenstück wurde zur Dachrinne, die bei Regen das Wasser über einen Schlauch in das Innere des Häuschens brachte. Ein Balkon und eine dazugehörige Leiter wurden gezimmert. Als die Eingangstür zu dem kleinen Häuschen mit Scharnieren zum Auf- und Zumachen versehen werden sollte, musste ich meinem Sohn und seinen Spielkameraden hilfreich zur Seite stehen. Schließlich durften wir nach vielen Monaten des Tätigseins ein Handwerkerrichtfest feiern.

Natürlich kann jede dieser Erzählungen für sich alleine stehen und eine Gestaltung erfahren. Ich möchte sie aber auch als Stationen auf dem Lebensweg eines jeden Menschen sehen:

Der Töpfer Simon und die Tonkugel erzählen davon, dass jedes Menschenkind einen Platz, einen Lebensraum auf unserer Erde hat und braucht. „Willkommen auf dieser Erde!" oder „Schön, dass du da bist!", diese Ausrufe können wie Leitgedanken sein, die unser Verhalten als Eltern und Erzieher Tag für Tag prägen.

Miriam, die Weberin und ihre gewobene Decke erzählen von der umhüllenden Liebe, die jedes Kind braucht, um ein gesundes Urvertrauen aufbauen zu können, das uns ein Leben lang Kraft zum Leben gibt.

Die Geschichte vom Zimmermann Tobias erzählt von der Entfaltung der Persönlichkeit und den Gaben, die der Schöpfer in uns hineingelegt hat.

Der Straßenkehrer Ricardo erlebt in seinem beständigen Tun, wie die eigene Lebensmelodie plötzlich zu klingen beginnt. Eine Melodie, die ihn ein Stück Lebensfreude erleben lässt.

Und schließlich der Goldschmied, der über sein gelungenes Werk – eine goldene Kugel – erkennt, wie sein Leben sich rundet und sein Herz mit vielen lichtvollen Erlebnissen angefüllt ist. Ja sein ganzes Leben spiegelt sich in der goldenen Kugel, die zum Bild für sein erfülltes Selbst geworden ist, nach einem langen, ereignisreichen Leben.

MIT DEN HÄNDEN VERSTEHEN LERNEN

In unserem täglichen Sprachgebrauch wird der Zusammenhang von Hand und hand-eln in vielen Metaphern ausgedrückt:

Sein Leben in die **Hand** nehmen
Hand anlegen
Hand aufs Herz
Etwas **hand**haben

Dabei sagen wir aus, dass wir etwas tun, wollen, erfahren, denken, veranlassen, in Angriff nehmen, mit einer Sache umgehen, usw. Wir sagen auch, dass wir etwas ganz besonders ernst nehmen und darüber nachdenken. Was unsere Hände vollbringen hat mit unserem Denken, Fühlen und Wollen, mit unserer Persönlichkeit und unserer Lebensgeschichte zu tun.

Der Aufstieg des Menschen zum Kulturwesen wäre ohne Hand nicht denkbar gewesen. Die Wechselwirkung von Sehen und dem Greifen mit den Händen – und die damit möglich werdende Genauigkeit beim Handeln und Tätigsein – wurde zum Evolutionsvorteil gegenüber anderen Lebewesen.

Doch wie gehen wir mit diesem Vorteil um? Viele manuelle Tätigkeiten werden ersetzt durch technische Möglichkeiten oder zeitsparende Ersatzlösungen. In der heutigen Zeit neigen wir dazu, unsere Hände immer mehr einseitig zu nützen. Neue Untersuchungen haben festgestellt, dass Kinder mehr und mehr bewegungsarm aufwachsen und vereinfacht ihre Hände gebrauchen oder gar nicht mehr gebrauchen.

- Da öffnen sich Türen, ohne dass eine Klinke gedrückt werden muss.
- Bei Computerspielen ist hebeln, schalten und drücken angesagt.
- Der Schnürsenkel wird durch den Klettverschluss ersetzt.
- Hosenknopf und Reißverschluss werden überflüssig durch eine Jogginghose mit Gummizug.

Unsere Kinder erfahren die Welt oftmals aus zweiter Hand. Mit Radio, Fernsehen und Internet scheint sich die Welt mehr und mehr zu den Kindern zu bewegen als dass die Kinder ihre Umwelt hautnah erfahren und erleben könnten, eben aus erster Hand. Die Zeit, die Kinder passiv vor dem Fernseher sitzen, bringt sie um Bewegung und Spiel. Nur Sehen und Hören sind dabei die dominierenden Sinne.

Der Verlust manueller Aktivität geht einher mit allgemeiner Bewegungsarmut unser Kinder. Die grundlegenden Sinne: Bewegungssinn, Tastsinn, Gleichgewichtssinn erfahren wenig Anregung.
Es braucht uns daher nicht zu wundern, wenn es Kinder gibt, die zwar im Sehen und Hören die Dinge erleben, mit dem Be-greifen – im buchstäblichen Sinn – aber ihre Probleme haben. Oft ist die Ursache dafür die Sorge der Eltern um die bestmöglichste Förderung des Kindes vom frühesten Zeitpunkt

an, damit das Kind aufgeweckter, merkfähiger und schlussendlich intelligenter sein möge.

So wird das Kind zu den vermeintlichen Lernorten gebracht und muss selbst nicht danach suchen und sich dorthin bewegen, sowohl im körperlichen Sinn als auch im geistigen. Es bekommt Dinge in die Hand gegeben und muss sich nicht mehr danach ausstrecken. Es hört Geschichten und wird angehalten, sich Details zu merken – und erlebt keine eigenen Geschichten, die dann fantasievoll erzählt werden könnten. Das Kind wird durch Vor- und Nachsprechen früh an ein Auswendiglernen gewohnt, anstatt die Sprachentwicklung mit dem handelnden Begreifen einher gehen zu lassen.

So finden wir Verhaltensauffälligkeiten bei Kindern, die sich in einer gravierenden Störung zwischen Denken und Tun äußern: Zwar weiß das Kind genau die eingelernten Abläufe einer Sache, kann sie aber logisch mit den Händen handelnd nicht vollziehen.

Heute rückt in der Pädagogik das Schlagwort „Lernen aus erster Hand" wieder in den Vordergrund, wo für elementare körperliche Erfahrungen wieder Raum sein soll.
Die Vermittlung von Kenntnissen, Wissen und sogar Erfahrungen über das Hören und Sehen allein verhindert den direkten Zugang zur Wirklichkeit. *Pestalozzi* befürwortete bereits um die Jahrhundertwende für die Schule das Lernen mit drei „H": Lernen mit **H**erz, **H**and und **H**irn.

Bereits im Mutterleib spielt das Kind mit seinen Händen und greift. Es steckt den Daumen in den Mund, es „rudert" und dreht sich mit Hilfe der kleinen Hände in seinem engen Raum.
Das Neugeborene nimmt zunächst mit der Haut als Ganzes Kontakt mit der Umwelt auf, führt alsbald die Hand zum Mund, lutscht an der Hand, sucht so Trost bei Hunger und Müdigkeit.
Die Hand gerät dabei zunächst eher zufällig ins Blickfeld des Kindes und wird erstaunt betrachtet. Die Finger werden erforscht und die Bewegungsmöglichkeiten erfahren.

Das Kind erkennt sich allmählich selber als Verursacher von Bewegung und beginnt seine Bewegungsmöglichkeiten zu erforschen. Zunehmend gewinnt die Hand für die Erkenntnistätigkeit des Gehirns an Bedeutung.
Vorerst werden Gegenstände mit der Hand gegriffen und zum Mund geführt. Tast-, Greif- und Geschmackssinn vermitteln Erkenntnisse über „die kleine Welt" des Babies. Dann wird ein Gegenstand festgehalten und neugierig mit Hand und Auge untersucht. Form, Größe und Beschaffenheit des Gegenstandes werden wahrgenommen und so „gelernt".
Das Kind erwirbt durch die Handhabung und das Spiel mit den Dingen Erkenntnisse über die Dinge selbst. Diese gewonnenen Erkenntnisse werden im Gehirn gespeichert und durch weiteres Experimentieren immer mehr erweitert, vertieft und differenziert. Nach *Piaget* entwickelt sich die Intelligenz

des Kindes in der handelnden und spielenden Auseinandersetzung mit seiner Umwelt. Sein selbsttätiges Handeln verdeutlicht sein Denken. Über das Fühlen, Tasten, Greifen, Spielen, Bewegen, Begreifen und Handeln gelangt das Kind zum Be-greifen seiner Welt. Vom Be-greifen über die Hände gewinnt das Kind allmählich eine Vorstellung von der Welt und ihren Gesetzmäßigkeiten.

Im Be-greifen lernt das Kind gleichzeitig assoziatives und begriffliches Denken, indem seine Sinneserfahrungen durch sprachliche Unterstützung gedeutet und verstärkt wird. Entdeckt das Baby etwas Neues, so greift es danach, steckt es in den Mund, beschaut es genauer.

Oftmals wird die Mutter intuitiv mit dem Kind reden, ihm vielleicht sagen: „Schau, das ist ein Bärli." (Anm.: Ein Bärchen.) Als Erwachsene können wir diese Begriffsbildung leicht nachvollziehen. Wenn wir die Augen schließen und einen (verhüllten) Gegenstand ertasten, merken wir, wie wir die Hände als Erkenntnisorgan einsetzen können. Wir erkennen den Gegenstand wieder im assoziativen Denken, weil wir davon oder von etwas Ähnlichem bereits ein Bild und einen Begriff im Kopf haben.

Mit den Händen lernen Kinder verstehen. *Kant* spricht von denkenden Händen und bezeichnet die Hand als das äußere Gehirn.

Hände und Finger gelten in der kindlichen Entwicklung als die Spitzen der Bewegungsentwicklung. Durch das vielfältige Hantieren, Umgehen und Spielen mit verschiedensten Materialien, Formen, Oberflächen verbessert das Kind unermüdlich die Steuerfunktion und Geschicklichkeit seiner Hände.

Die Hand wird als ein Werk-Zeug zum Schreiben, Schneiden, Malen, usw. angesehen. Der Hand müssen Handlungen ermöglicht werden, d. h. das aktive Eingreifen in die Umwelt, um zu verändern und zu gestalten, das Spielen mit Materialien, das Handhaben und Hantieren mit Werkzeugen und Geräten. Kinder brauchen angemessene und viele Möglichkeiten, damit sie ihr Handgeschick und ihr Handeln immer mehr verbessern und verfeinern lernen. Außerdem geht mit der körperlichen Entwicklung des Kindes eng seine psychische und geistige Entwicklung einher.

Manches besondere Können braucht Begabung und eine spezielle Bildung. Denken wir dabei nur an einen Musiker, der ein Instrument besonders gut spielen kann oder an einen (Kunst-)Handwerker, der durch den Einsatz seiner Hände aus Vorhandenem etwas Neues gestaltet.

HAND - BETRACHTUNG

ICH BIN DA - MIT MEINEN HÄNDEN

❍ Zum Ankommen und zum Dasein singen wir folgendes Lied:

T. u. M.: H. Neubauer

❍ Dieses Lied singen wir anschließend so:
Ich bin da, ich bin da, ich bin da,
das ist wahr, das ist wunderbar.
Mit den Händen, mit zehn Fingern,
fünf sind es an jeder Hand.
Mit den Händen bin ich da, das ist wunderbar.
(Text: Franz Kett)

Dabei zeigen wir unsere Hände, bewegen unsere zehn Finger und klatschen schließlich.

ICH ERKUNDE MEINE HÄNDE

❍ Ich öffne meine Hände, betrachte meine Handflächen:
Ich streiche über sie vom Handballen bis zu den Fingerspitzen: Mit der einen Hand über die andere und dann umgekehrt.
Ich streiche über jeden einzelnen Finger, vom Ansatz bis zur Kuppe, zuerst bei der einen, dann bei der anderen Hand.

❍ Mit kleineren Kindern kann jeder einzelne Finger mit einem Streicheln aufgeweckt, begrüßt oder in eine gute Nacht verabschiedet werden:

„Guten Morgen (guten Tag, gute Nacht) Daumen! Guten Morgen (...) Zeigefinger!" usf.

Ebenso kann man sich mit dieser Geste bei seinen Fingern bedanken und ihnen etwas Gutes wünschen.

- ❍ Ich beschaue die Handflächen, ihre Linien, fahre sie behutsam ab. Man nennt sie Lebenslinien. In ihnen spiegelt sich etwas von meinem Leben wieder. Narben, harte Arbeit, mein ganzes Leben findet in den Händen seinen Ausdruck.
- ❍ Ich schaue meine Handrücken an, streiche über sie als Gesamtes und evtl. ähnlich wie oben über jeden einzelnen Finger.
- ❍ Ich wiederhole das Spiel unter Augenschluss. So spüre ich die Finger noch intensiver – bis hin zu den Fingernägeln, zur Fingerspitze, zur Fingerkuppe.
- ❍ Meine Finger tragen Namen: Daumen, Zeigefinger, Mittelfinger, Ringfinger, kleiner Finger. Wir umfahren die einzelnen Finger von unten nach oben und nennen dabei ihre Namen.

GEBET

Meine Hände, meine Finger sind wichtig.
Ich gebrauche sie den ganzen Tag.
Ich will gut auf sie acht geben.
Danke für meine Hände, guter Gott! Amen.

MIT MEINEN HÄNDEN HANDLE ICH

- ❍ Auf die Melodie des oben genannten Liedes singen wir einen neuen Text:
  Ich bin da, ich bin da, ich bin da,
  das ist wahr, das ist wunderbar.
  Mit den Händen, um zu greifen,
  um zu geben, um zu nehmen.
  Mit den Händen bin ich da, das ist wunderbar. (Text: Franz Kett)
- ❍ Wir zeigen mit den Händen gestenhaft an, was wir damit alles tun können, wozu wir sie gebrauchen: Zum Kochen, Nähen, Flöte spielen, Schreiben, Malen und zu vielem mehr.

- ❍ Ein Lied von den Händen erzählt davon:

MEINE HÄNDE KÖNNEN SPRECHEN

❍ Ich erzähle mit ihnen etwas von meinem Fühlen, Wollen, Denken. Oft geschieht das unbewusst. Ich verrate dadurch sozusagen etwas von meinem Inneren.

❍ Wir machen uns gegenseitig diese Sprache der Hände bewusst, indem einzelne eine Empfindung darstellen, andere sie zu deuten versuchen:
- abwehren
- winken
- Beziehung aufnehmen
- abweisen
- sich öffnen
- drohen

- sich verschließen
- Richtung weisen
- sich hilflos zeigen
- sich ergeben
- ganz gesammelt sein, usw.

❍ Kann jemand mit den Händen eine Geschichte erzählen? Z. B.: Die Geschichte vom Korn zum Brot? Vom Wassertropfen, der zur Erde fällt und ins Meer gelangt? Von der Raupe zum Schmetterling? Vom Boot, das in einen Seesturm gerät?

GEBET

Meine Hände, meine Finger sind wichtig.
Mit ihnen kann ich sprechen und etwas von mir erzählen –
ganz ohne Worte.
Ich will darauf achten, dass ich gut mit ihnen spreche.
Danke für meine Hände, guter Gott! Amen.

Was die Faust von mir sagen kann

Wir spüren Kraft und Energie. So können wir kämpfen, uns schützen, verteidigen, auch angreifen. Damit arbeiten wir, heben ein schweres Gewicht, ziehen einen dicken Nagel mit der Zange aus dem Brett. Manchmal ist die Faust auch ein Zeichen unserer Wut, unserer Verkrampfung. Unter Umständen brauchen wir da auch Hilfe, um loslassen und uns lösen zu können.

Dabei wollen folgende Übungen hilfreich sein:

❍ Wir ballen unsere Hand zur Faust und spüren unsere Kraft. Gemeinsam sprechen und spielen wir gestenhaft:
„Ich habe Kraft!"
„Ich habe Kraft, um einen schweren Stein zu heben!"
„Ich habe Kraft, um zu klettern!" – usw.
Wir sprechen noch einmal gemeinsam: „Ich habe Kraft!" und halten die Kraft in unseren Fäusten, indem wir die Finger fest zusammenpressen (es soll nur nicht wehtun, nicht den Daumen zwischen die Finger stecken). Wenn wir nach einer Weile langsam die Finger

lösen, werden wir feststellen, wie wir unseren Willen einsetzen müssen, um gegen die Verkrampfung anzugehen. Anschließend schütteln und lockern wir die Hände. Wir spüren nach, wie sich der Gegensatz von Verkrampfung und Entspannung anfühlt.

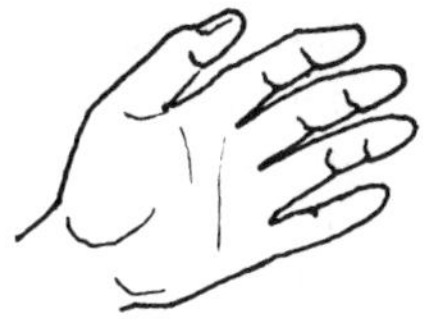

❍ In einer Partnerübung wenden wir uns einander zu. Einer ballt die Hände zu Fäusten. Der andere versucht mit feinen Berührungen dem Partner zu helfen, seine Faust zu öffnen. Ein gutes, liebevolles Wort kann dieses Tun hilfreich unterstützen.

Was die Fingerspitzen von mir sagen können

Manchmal brauchen wir Kraft, um etwas zu bewegen. Manchmal brauchen wir aber noch etwas anderes: Fingerspitzengefühl.

❍ Wir sprechen gemeinsam:

„Ich habe Kraft!" und formen unsere Hände zu Fäusten, lösen unsere Fäuste langsam und führen die Finger auf neue Weise zusammen, indem sich die Fingerspitzen fein berühren und wir mit den Fingerkuppen spielen.
Wir entdecken so unser Finger-Spitzen-Gefühl und sprechen und spielen gestenhaft:
„Ich habe Kraft!" (siehe oben.)
„Manchmal brauche ich aber auch Finger-Spitzen-Gefühl!":
- um eine Nadel vom Boden aufzuheben,
- um zu streicheln,
- um (...),
- im liebevollen Umgang miteinander.

Was der Handteller, die Handschale von mir sagen können

Wir können damit etwas tragen, empfangen, schenken. Wir können ihn/sie füllen mit Vorstellungen, Wünschen, die aus dem Herzen kommen.

❍ Wir schließen dazu die Augen und träumen, was wir gerne in unseren Händen halten, tragen, bergen möchten. Die Wünsche dürfen aus dem Herzen kommen. Wir legen sie auch wieder dorthin zurück, bewahren sie im Herzen auf, indem wir in einer Geste die Hände zum Herzen führen. Bei Kindern im Kindergartenbereich kann die Erzieherin sich von den einzelnen Kindern ins Ohr flüstern lassen, was sie in ihren Händen getragen oder gehalten haben.

❍ In einer Partnerübung halten wir eine geöffnete Hand unserem Nachbarn hin. Er malt mit einem Finger ein einfaches Zeichen in die Handfläche, das mit geschlossenen Augen erraten werden soll, z. B. eine Sonne, Blume, Spirale.

❍ Buchstabe für Buchstabe können wir auch unsere Namen in die Handfläche unseres Partners schreiben. „Ich schreibe meinen Namen, dir mitten in die Hand. Und liest du meinen Namen, bin ich dir gleich bekannt!" (Liedtext von Rolf Krenzer, siehe „Das große Liederbuch" von Rolf Krenzer)

In der Bibel heißt es, dass unsere Namen im Buch des Lebens eingeschrieben sind, dass wir in Gottes Hand geborgen sein dürfen. „Gott sind all unsre Namen von Anfang an bekannt. Er selbst hält uns zusammen. Wir sind in seiner Hand!" (Von Rolf Krenzer, siehe oben.)

Was das Dach von mir sagen kann

Wir können mit unseren Händen schützen. Wir können sie schützend, beschützend über ein kleines Tier, einen Vogel, etwas Schwaches, ein Kind, einen kranken Menschen, einen der sterben muss, halten.
Wir legen die Hände auf, bewahren, behüten, segnen, erbitten Segen von Gott, der seinen Himmel, sein Himmelszelt über uns ausspannt.

❍ Liedruf und Gestik: Die Hände auflegen, bedeutet Segen.
Die Erzieherin legt einem Kind die Hände auf. Dieses Kind gibt diese Geste weiter, usw., beziehungsweise die Erzieherin segnet jedes einzelne Kind.

T. u. M.: F. Kett

Was uns die miteinander verbundenen Hände sagen können

❍ Wir geben einander die Hände, verbinden uns so miteinander. Wir halten zusammen.
Wir halten zusammen das Leid, die Traurigkeit eines Menschen, aber auch seine Freude.
Wir halten zusammen, was wir nur zusammen halten können: den Frieden. Ihn wünschen wir uns: „Der Friede sei mit uns."

T. u. M.: F. Kett

Was die verschränkten Hände von mir sagen können

Ich bin nicht außer mir.
Ich bin ganz bei mir.
Ich bin bei mir zu Hause.
Ich bin gesammelt.
Ich bin in mir da – bei meinen Gedanken, Gefühlen, meinem Wollen.

ICH GESTALTE MIT MEINEN HÄNDEN

Der Mensch ist mit der Gabe des Gestaltens begabt. Er kann verschiedene Einzelteile immer wieder neu anordnen und zu einer Gestaltung zusammenfügen. In den folgenden elementaren Gestaltungsprozessen mit Naturmaterialien erfährt sich besonders das Kind in seinem Eigensein und in seiner ihm eigenen Kreativität.

❍ Schalen mit Naturmaterialien werden bereitgestellt: kleine Zapfen, verschieden große glatte Steinchen, Bucheckern, Eicheln, Käppchen von Eicheln, Weizen, Mais, Sonnenblumenkerne, Muscheln, verschiedene Nüsse, Samen von Kiefernzapfen und anderes.

❍ Ein Kind wird gefragt, welche Schale es gerne möchte und bekommt diese auch in die Hände (Handschale) gelegt. Das Kind fragt seinerseits weiter usw., bis alle ein Schälchen erhalten haben.

❍ Jeder gestaltet auf einem runden farbigen Stoffdeckchen oder einer anderen Unterlage oder innerhalb eines Rhythmikseils sein persönliches Bild.

❍ Wir betrachten die entstandenen Werke der anderen. Der/die Leiter/in würdigt die entstandenen Bilder der Kinder, eventuell mit einem guten Wunsch.

GOTT BIRGT MICH IN SEINER HAND

❍ Eine schöne weiße, runde Decke wird in der Mitte ausgebreitet.
Eine kostbare Ausgabe der Heiligen Schrift ist in ein Tuch (vielleicht dunkelrot oder gelb) eingehüllt. In einem ersten Umgang

dürfen die Kinder die verhüllte Bibel mit den Fingern oder mit der ganzen Hand berühren. Dann wird sie in die Mitte gelegt und enthüllt. Wir kommen alle nacheinander zur Mitte und schenken der Heiligen Schrift noch einmal eine Berührung, nehmen so zu diesem besonderen Buch Beziehung auf.

❍ In diesem Buch steht etwas von Gottes Händen:

Herr, mein Gott, mein Vater im Himmel.
Du kennst mich.
Du siehst mich, wenn ich Angst habe.
Du siehst mich, wenn ich allein bin.
Wie gut, dass du mich siehst.
Ich kann keinen Schritt tun,
bei dem du mich nicht begleitest.
Wie in zwei großen Händen hältst du mich.
Ich bin darin geborgen wie ein Vogel im Nest,
und manchmal kommt es mir vor,
ich sei darin gefangen wie ein Vogel im Käfig.
Selbst wenn ich Flügel hätte,
um in ein fernes Land zu fliegen,
wird auch dahin deine Hand mich führen.
Gott, ich suche deine Hand,
dass du mich führst.
Ich bin froh,
dass du mich führst.
(Nach Psalm 139 von Franz Kett)

GEBET

Gott, unser Vater!
Du weißt um uns.
Du liebst uns.
Du hältst und trägst uns in deiner Liebe,
wie ein guter Vater,
wie eine liebende Mutter ihr Kind trägt und hält.
Danke! Amen.

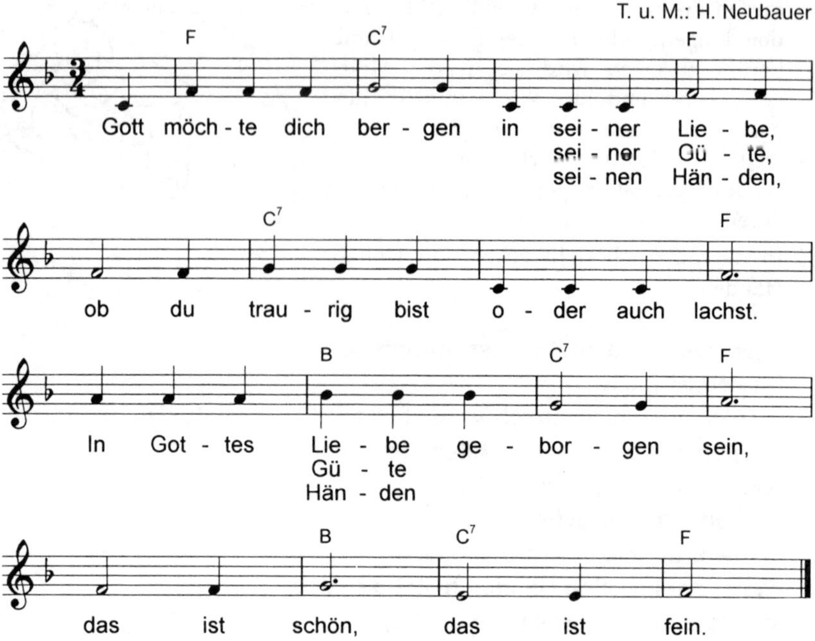
T. u. M.: H. Neubauer
F C7 F
Gott möch - te dich ber - gen in sei - ner Lie - be,
sei - ner Gü - te,
sei - nen Hän - den,
C7 F
ob du trau - rig bist o - der auch lachst.
B C7 F
In Got - tes Lie - be ge - bor - gen sein,
Gü - te
Hän - den
B C7 F
das ist schön, das ist fein.

R. Hirschauer
C G7 C
Gott, der du heu - te mich be - wacht, be-schüt ze
G7 C
mich auch die - se Nacht. Du sorgst für
F G C F C G7
al - le, groß und klein. Drum schlaf ich oh - ne Sor - ge
C F C G7 C
ein, drum schlaf ich oh - ne Sor - ge ein.

MIT DEN HÄNDEN BETEN

T. u. M.: Th. Brunnhuber

❍ Bei dem Wörtchen „da" führen wir die Handflächen zum Herzen. Unsere Hände sagen: Ich möchte jetzt „da sein" mit meinem Herzen.

❍ Wir öffnen unsere Hände und halten sie mit nach oben geöffneten Handflächen vor unserem Herzen. Über unsere Hände können wir unser Herz vor Gott öffnen.

❍ Wir führen die inneren Handkanten bewusst zusammen und formen mit den Händen eine Schale.

Ich bin bereit.
Ich bin bereit, um zu empfangen.
Ich bin bereit, um zu geben.
Fülle du mich, Herr.

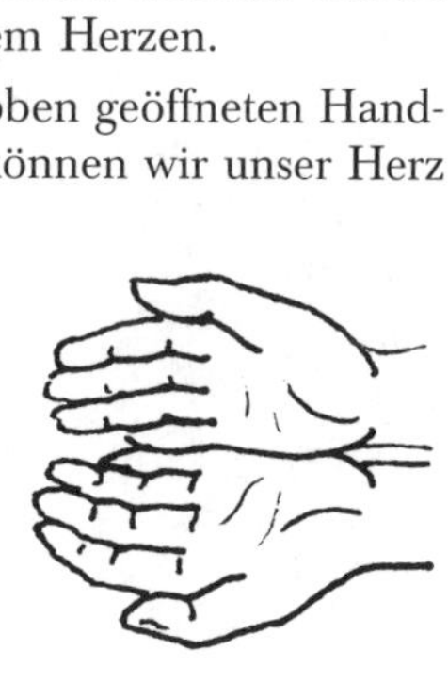

„Man müsste tausend Jahre leben, um Zeit zu haben, alle Dinge lange und zärtlich in Händen zu halten. Dann begriffe man vielleicht die Schöpfung und die Liebe.“ (Luise Rinser)

❍ Wir führen die Hände senkrecht in Herzhöhe zusammen, so dass sich die Fingerkuppen und Handballen leicht berühren. Dazwischen entsteht ein offener Raum. Wir empfinden die Gebärde und finden vielleicht ein Wort des Ausdrucks. „Gott, gib meinem Herzen weiten Raum!“

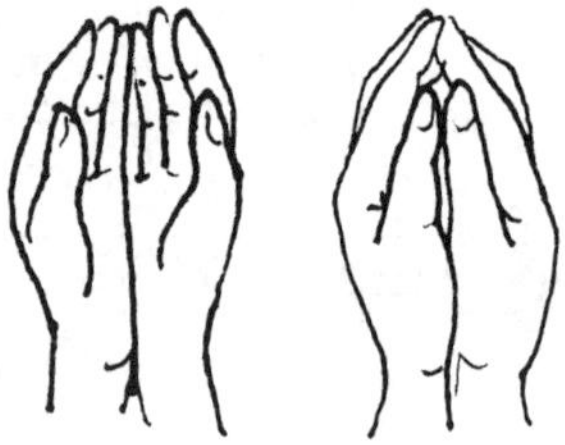

❍ Wir führen unsere Handflächen in dieser Haltung ganz zusammen, damit kein Zwischenraum mehr da ist. Wir empfinden diese Gebärde und äußern unser Empfinden. In dieser Haltung zeigen die Finger wie ein Turm zum Himmel. Wir schicken gleichsam unser Gebet über uns hinaus zu Gott. „Nimm an, o Herr, meine Bitten, meinen Dank!“

❍ Langsam lösen wir den sanften Druck, der unsere Handflächen zusammenhält und lassen wieder etwas Raum zwischen unseren Handflächen, um sie dann wieder wie eine Schale vor unserem Herzen zu öffnen.

❍ Der/die Leiter/in spricht ein Gebet und lässt anschließend eine Zeit der Stille (Handhaltung wie eine Schale):

Gott, unser Vater,
erfülle uns mit neuer Kraft,
erfülle uns mit innerer Freude,
erfülle uns mit deiner Liebe.
Amen.

❍ Beim Wörtchen „Amen“ führen wir unsere Hände zur Ausgangshaltung zurück, indem sich unsere Handflächen leicht und ohne Druck über unserem Herzen überkreuzen.

PROZESS- UND PROJEKTORIENTIERTE ÜBERLEGUNGEN

Der pädagogische Alltag in Tageseinrichtungen für Kinder lebt vom besonderen Interesse und den Ideen der Kinder und des Personals. So beobachten die Kinder z. B. in der Erwachsenenwelt, dass es verschiedene Berufe gibt. Sie nehmen dabei spezifische Verhaltensweisen und Verrichtungen auf und setzen Inhalte davon in ihren Spielhandlungen um. Warum sollte daraus nicht eine prozess- und projektorientierte Angelegenheit werden, die über einen gewissen Zeitraum das Leben in der Einrichtung begleitet und bestimmt, ja sich sogar über ein ganzes Jahr ausstrecken kann?

In der Vorbereitung wird man gemeinsam Überlegungen anstellen, wie zum Beispiel: Welche unterschiedlichen, ganzheitlichen und sinn(en)orientierten Erfahrungen ermöglichen die einzelnen Berufe? Was ist das Wesen, das Wesentliche dieser Tätigkeiten? Welche kleinen Schritte der Begegnung müssen wir mit Kindern gehen, damit sich uns und ihnen das Wesentliche erschließt und wir es in unserem eigenen Inneren entdecken? Welche menschlichen Qualitäten können wir in der Beziehung zu diesen Lernfeldern entdecken und entwickeln? Welche Stützung eines christlichen Menschenbildes können wir daraus gewinnen? Welche Personen können wir von außerhalb mit ansprechen und mit einbeziehen? Welches Platz- und Materialangebot muss für die unterschiedlichen Tätigkeiten bereitgestellt werden (für das Kochen, Weben, Malen, Töpfern, etc.)? Wie schaffen wir ein Durchbrechen geschlechtsspezifischer Denkmuster (Mädchen helfen einem Zimmermann, Buben einer Köchin)?

Es ist vor allem wichtig, dass Kinder von klein auf lernen: Es gibt keine Rollenklischees, es gibt keine Berufe oder Verrichtungen, die nur für Frauen oder nur für Männer geeignet sind. Hier können entsprechende Spiele mit vertauschten Rollen Anlass zu einem jeweils anderen Verhalten geben.

An dieser Stelle sei ein Aufsatz zitiert, der gut als Vorausinformation zu den folgenden Handwerkergeschichten dienen kann:

„Das, was Kinder tun, nennen die Erwachsenen gerne ‚Spielen'. Das ist natürlich nicht falsch, aber häufig wird damit ein wichtiger Aspekt übersehen und verkannt: der Wille der Kinder zum Bauen und Gestalten, die Lust, durch Anstrengung und Findigkeit etwas zu schaffen – die Arbeit. Es handelt sich dabei um ein Tätigsein, das einem zweckfreien und ziellosen Spielen im eigentlichen Sinn zwar oft eng benachbart ist, aber aufgrund einer plötzlichen Idee oder einer konkreten Anregung den Charakter eines Vorhabens gewinnt. Es lässt sich immer wieder beobachten, wie Kinder ‚Feuer fangen' – wenn etwas Gestalt annimmt, wenn ihnen plötzlich bewusst wird, nur durch eine bestimmte Anstrengung etwas erreichen zu können, oder in der ‚spielerischen'

Beschäftigung mit einem Gegenstand unvermutet eine interessante Veränderung erkennbar wird. Dieses prozesshafte Handeln ist es, in dem Kinder beglückende Entdeckungen machen, auf etwas Neues stoßen und dieses ‚von innen' kennen lernen.

Der Einwand, Kinder würden immer schon gerne basteln und etwas zusammenbauen, mag richtig sein, aber es gibt hier im grundsätzlichen Vorgehen einige entscheidende Unterschiede: Während Werken und Basteln üblicherweise feste Vorgaben und Regeln kennen, geben Kinder im offenen Handlungsprozess sich selbst ein Ziel. Sie stehen erst einmal vor der Aufgabe, das Mögliche und Machbare zu erkunden – ohne jede Hilfe von außen, ohne Bauanleitung. Auch das zur Verfügung stehende Material sowie Hilfsmittel und Werkzeuge bieten in diesem Fall höchstens eine diffuse Anregung; das Fehlen von Mustern oder Vor-Bildern ermöglicht und erzwingt eigene Kreationen.

In derartigen Situationen schöpfen Kinder weit mehr als sonst aus ihrer Fantasie und lernen, auf sich selbst zu bauen: Sie lassen sich etwas einfallen, sie experimentieren, sie überlegen, wie ein Problem zu lösen ist, und sie lernen, dass Manches einfach nicht funktioniert. Emotionale, praktische und kognitive Fähigkeiten werden gebraucht, um erfolgreich zu sein, auch und gerade weil der Erfolg ein höchst individueller ist.

So wichtig und interessant naturwissenschaftliche Erkenntnisse und Lernerfahrungen auch sein mögen, so geht es hier keineswegs um eine Art Vorschulcurriculum. Zwar liegt es nahe, Handlungsabläufe und die Verwendung bestimmter Geräte, Werkzeuge und Hilfsmittel beispielsweise als einfache physikalische Modell-Versuche auszubauen, aber solche Ziele sollten zumindest nicht an erster Stelle stehen. Nicht die Vorführung von Demonstrationsversuchen, sondern die eigenen Handlungsmöglichkeiten führen zum Verständnis elementarer und wichtiger Zusammenhänge.
Dabei lassen sich folgende Einzelaktivitäten unterscheiden, die sich (...) auch in den Nutzungsmöglichkeiten geeigneter Materialien und Werkzeuge widerspiegeln und deren Auswahl mitbestimmen:

aufnehmen und sammeln,
transportieren,
sortieren und lagern,
fixieren und befestigen,
verlängern und erweitern,
zerkleinern und mischen,
saugen, blasen und auffüllen,
(halbfertige) Teile montieren,
beobachten und vergleichen,
zählen, messen, untersuchen,
Oberflächen behandeln und verändern,
präsentieren und erklären.

In dieser sehr allgemeinen Auflistung zeigt sich bereits, wie facettenreich sich der Umgang mit Material gestalten kann. Und selbstverständlich sind die jeweiligen Aktivitäten mitunter durchaus anspruchsvoll und ihre Auswirkungen weitreichend.

Welche der genannten Tätigkeiten für Kinder von besonderem Reiz ist, wird von sehr unterschiedlichen Faktoren beeinflusst. Neben dem Alter bzw. dem Entwicklungsstand und den entsprechenden Fähigkeiten spielt auch das Materialangebot selbst eine große Rolle. Eine auf das Alter der Kinder bezogene genaue Zuordnung der Dinge und Hilfsmittel ist dabei wenig sinnvoll, zeigt sich doch immer wieder, dass Kinder in aller Regel rasch und sicher jene Möglichkeiten herausfinden, die ihrem Entwicklungsstand entsprechen. Das bedeutet natürlich nicht, auf bestimmte Vorsichtsmassnahmen bei einzelnen Materialien oder Werkzeugen verzichten zu dürfen, aber die Freiheitsgrade im Einsatz dieser Dinge sollten möglichst hoch gehalten werden – zugunsten der Förderung von Kreativität und Eigenverantwortlichkeit.“

Quelle: www.kindergartenpaedagogik.de/685.html (zitiert aus: „Werkstatt, Bauhütte, Labor“ von Herbert Österreicher und Edeltraud Prokop, Handbuch Kindertageseinrichtungen, hrsg. von Hildegard Rieder-Aigner, ergänzbare Sammlung. Regensburg: Walhalla 1999)

T. u. M.: Hanni Neubauer

2. Hände, Hände, Hände - Hände können trösten.
Hände, Hände, Hände - können auch erlösen.

3. Hände, Hände, Hände - Hände können heilen.
Hände, Hände, Hände - können bei dir weilen.

4. Hände, Hände, Hände - Hände dich umarmen,
Hände, Hände, Hände - Hände voll Erbarmen.

DER TÖPFER SIMON

GEDANKEN

Das Töpfern ist ein sehr altes Handwerk. Funde von Tongefäßen und Grabbeigaben führen uns sehr weit zurück in die Menschheitsgeschichte.

Diese sehr alten Tonwaren und kleinen Kunstgegenstände geben Zeugnis von der Verfeinerung der Handmotorik des Menschen sowie von seiner kulturellen Weiterentwicklung. In seiner kreativen Schaffenskraft erlebte der Mensch eine neue Form der individuellen Daseinsfreude.

Die Geschichte vom Töpfer Simon führt uns in das ursprüngliche Formen und Gestalten einer Urform: des Runden, der Kugel.

Das Bild des Runden lässt uns an den ersten Entwicklungsprozess, an die Geborgenheit im Mutterleib denken. Im Formen einer sich langsam rundenden Kugel können wir dem nachspüren: In der Gebärmutter fängt das Leben an. Eine befruchtete Eizelle hat sich eingenistet und teilt sich unendlich viele Male, bis sich ein Embryo entwickelt. Nach etwa neun Monaten wird dann ein kleines Menschenkind geboren, hinein in seinen ersten Lebensort. Hier darf es sich weiter entfalten.

Während der Geschichte vom Töpfer Simon formen die Kinder aus Ton eine Kugel. Ganz achtsam legen wir in die geöffneten Kinderhände ein entsprechendes Tonstück. Die Kinder spüren die weiche, kühle Beschaffenheit des Urstoffs Ton. Damit das Rundformen ganz bedächtig und meditativ erfolgt, liegt das Tonstück in der einen Hand und wird mit dem Handballen der anderen leicht gedrückt und geformt. Auf diese Weise vollzieht sich das Formen ganz langsam. Die Kinder können sich ganz mit ihrer Tätigkeit verbinden und das Runden der Tonkugel auch innerlich erleben, erspüren.

Ist dieser Vorgang abgeschlossen, bezeichnet jedes Kind auf der Tonkugel (die in der Geschichte eine Deutung als Erdkugel erfährt) mit seinem Daumenabdruck eine bestimmte Stelle. Damit soll ausgedrückt werden, dass jeder Mensch durch seine Geburt einen bestimmten Platz auf dieser Erde, einen Geburtsort hat.

Im Laufe der ersten Lebensjahre erfährt sich das Kind immer mehr als eigenständige Person und löst sich aus der engen Verbundenheit mit der Mutter.

Der Daumen ist mit seinem Profil ein unverwechselbares Kennzeichen unserer Individualität. Mit ihm bezeichnen wir unseren individuellen Lebensplatz, Lebensraum auf unserer Tonkugel.

VORÜBUNGEN UND HINFÜHRUNG ZUR GESCHICHTE

Das Runde erspüren

❍ Ein großes, rundes, braunes Tuch ist klein zusammengelegt. Der/die Leiter/in geht auf ein Kind zu und lässt einen Teil ausfalten, zusammen gehen sie zu einem nächsten, usw., bis das ganze Tuch zu sehen ist. Es findet seinen Platz in der Mitte.

❍ Alle stellen sich nach und nach um die runde, braune Fläche: Wir stehen miteinander so rund da, wie das Tuch in unserer Mitte. Wenn wir uns die Hand geben, dann wird unsere Verbundenheit untereinander deutlich und wir können Dank sagen für unsere Gemeinschaft.

❍ Woran erinnert uns das Tuch in der Mitte? (Holztisch, Brotzeitbrett, Schokolade, Erdball, usw.)

❍ Einzelne Kinder dürfen die braune Fläche in der Mitte umrunden: mit den Augen, mit dem Finger, mit den Augen und den Füßen am Platz, mit den Füßen im Umschreiten, auch unter Augenschluss mit und evtl. ohne Begleiter.

❍ Alle schließen die Augen und versuchen, sich das braune Rund vorzustellen. Mit einem Finger malen wir diese Rundform immer wieder in die eigene Handfläche.

❍ Wir zeigen die runde Form mit unseren Fingern, Händen, Armen. Dann halten wir unsere beiden Hände so zusammen, als wären sie eine Kugel.

❍ In einem Partnerspiel bildet einer mit seinen Händen eine runde Kugel, der andere fährt sie mit seinen Fingern, mit seiner Hand ab, umschließt sie mit seinen eigenen Händen.

❍ Alle zeigen wir mit unseren Händen noch einmal eine runde Kugel. Wir schließen unsere Augen und versuchen, uns an kugelige Gegenstände zu erinnern. Welche Sachen fallen uns ein?

Die runde Kugel aus Ton

❍ In ein braunes Tuch ist eine Kugel aus getrocknetem Ton eingeschlagen. Wir bilden mit unseren Händen eine Schale: So empfangen wir und so geben wir weiter. Schließlich wird das Verhüllte in der Mitte unseres großen braunen Tuches abgelegt. Dort entdecken wir die Tonkugel und bringen sie noch einmal in Umlauf, bevor sie wieder in der Mitte abgelegt wird.

❍ Mit den Kindern gehen wir auf eine Entdeckungsreise: Aus welchem Material ist die Kugel gemacht?

❍ Verschiedene Bodenarten werden erfahrbar gemacht und untersucht: z. B. Walderde, Gartenerde, Sand, ein Stein – Ton noch nicht, der kommt später!

❍ Die Kinder nehmen die verschiedenen Bodenarten mit allen Sinnen wahr: Sie ertasten deren Beschaffenheit mit den Händen, sie lassen die „Erde" in ihrer verschiedenen Ausprägung durch die Hände rieseln, sie riechen daran, prüfen die Festigkeit und lernen bei einer Exkursion kennen, woher diese Art des Erdbodens kommt.

❍ Wir führen ein interessantes Experiment durch: Aus den verschiedenen Bodenarten formen wir – evtl. unter Zugabe von Wasser – runde Kugeln und vergleichen sie mit unserer Tonkugel. Sie ist einfach anders. Wenn die Kugeln über Nacht trocknen, dann stellen wir fest, dass sie auch nicht die Festigkeit der Tonkugel haben. Auch der Stein hat eine andere Qualität.

❍ Eine weitere „Erdform" wird ins Spiel gebracht: Ton. In einem abgedeckten Behältnis befindet sich ein Tonklumpen. Die Kinder dürfen den Inhalt zuerst mit den Händen betasten, seine Festigkeit, Kühle, Nässe spüren und ihre Vermutungen äußern. Das Tuch, das den Inhalt verdeckt, wird abgenommen und die Kinder können sehen, ob sie mit ihrer Vermutung recht hatten. Dabei dürfen alle, die möchten, noch einmal den Ton begreifen.

❍ In der Mitte der runden braunen Fläche gestalten wir mit Tüchern oder Holzstücken eine Hausform, denn heute hören wir die Geschichte vom Töpfer Simon. Das Behältnis mit Ton wird dazugestellt. Vom Haus ausgehend legen wir mit Rhythmikseilen noch Wege in die verschiedenen Himmelsrichtungen an.

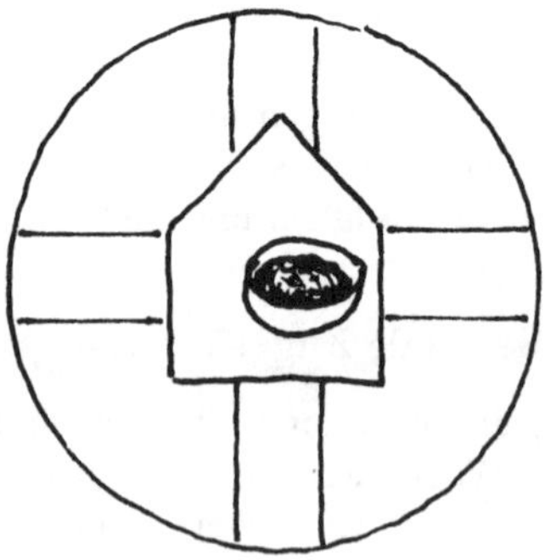

Wir versammeln uns zur Geschichte und gestalten ein Bodenbild

❍ In verschiedenen Schalen werden die bereits bekannten Bodenformen erkundet. Die Kinder versuchen, sie wieder zu benennen: Gartenerde, Walderde, Sand, Steine.

❍ Wir geben den verschiedenen Schalen nacheinander einen Platz auf unserem runden braunen Tuch. Um die Schalen lassen wir entsprechende Landschaften entstehen, mit farbigen Rhythmiktüchern und weiteren Naturmaterialien, wie Wurzeln, Zapfen, Disteln, Strohblumen. So sehen wir vor uns z. B. das Bild einer Blumenwiese, eines Waldes, eines Berges, einer Wüstenlandschaft.

❍ Wir spielen den Wald, den Garten, das Gebirge und die Wüste: Wir sind selber Wald, eine Blumenwiese, ein Berg oder ziehen als Karawane durch die Wüste.

ERZÄHLUNG UND GESTALTUNG

Simon, der alte Töpfer, lebt mit seiner Frau an der Straße, die zum Marktplatz führt.

Gleich neben dem Haus hat er seine Werkstatt, in der er Tag für Tag arbeitet. An schönen Tagen öffnet er gerne das Fenster. So kann er die vielen Geräusche gut hören, die von draußen zu ihm in den Raum kommen. Sie erzählen ihm viele kleine Geschichten.

❍ Wir spielen ein Haus, öffnen das Fenster, indem wir unsere verschlossenen Arme weit ausbreiten. Welche Geräusche können wir bei geöffnetem Fenster hören? Welche Geräusche dringen wohl an Simons Ohr? Welche Geschichten erzählen sie ihm?

❍ Eventuell hören wir anschließend Musik mit Naturgeräuschen und versuchen, diese zu erkennen.

Ganz in der Ferne hört er ein leises Rauschen. Es ist der Fluss weit unten im Tal. Das Rauschen des Flusses freut ihn, denn er ist für Simon wichtig. Von Zeit zu Zeit macht er sich mit einem großen Eimer auf den Weg

zum Fluss, um an dessen Ufer neue Tonvorräte zu holen. Das ist eine schwere Arbeit. Doch nach getaner Arbeit sorgt seine Frau gut für ihn. Sie stellt ihm Milch und frisch gebackenes Brot auf den Tisch. Das gibt ihm dann wieder neue Kraft.

❍ Ein Krug mit Milch und frisches Brot werden von zwei Kindern im Kreis getragen, bis sie schließlich beim Haus des Simon abgestellt werden. Am Ende der Erzählung können wir damit Brotzeit machen und uns wie Simon stärken.

Dann und wann klopft es an der Werkstatttür. Wenn Simon die Türe öffnet, schaut er in viele frohe Kindergesichter. „Hallo Simon!“ sagen die Kinder. „Dürfen wir zu dir hereinkommen?“

Er freut sich jedes Mal über ihren Besuch, denn sie erfüllen seine Werkstatt mit ihrer Fröhlichkeit und ihrem Lachen.

Doch schon bald wird es still, denn Simon legt jedem von ihnen ein Stück Ton in die offenen Hände.

❍ Jedes Kind bekommt achtsam ein kleines Stück Ton in die offenen Hände gelegt. Alle formen daraus langsam und bedächtig eine Tonkugel. Dabei liegt der Ton in der einen Hand. Mit dem Handballen der anderen Hand drücken und runden sie immer wieder das Tonstück ab.

Simon beginnt den Ton langsam und bedächtig zu formen. Und so wie er es macht, machen es auch die Kinder. Hin und her, her und hin wenden sie in ihren Händen das sich langsam rundende Tonstück.

Als auch die Kleinsten eine Kugel zufrieden in ihren Händen halten, sagt der alte Töpfer Simon: „Lasst uns auf eine Weltreise gehen!“ Daraufhin blicken ihn große fragende Kinderaugen nur so an.

„Ist unsere Erde nicht auch wie eine riesengroße Kugel?“ fragt Simon.

„Schau dir deine Tonkugel einmal genau an: Da gibt es vielleicht kleine Erhebungen? Stell dir vor: Das könnten Berge auf unserer Erdkugel sein.

Und an einer anderen Stelle siehst du vielleicht eine kleine Rille: Könnte das nicht ein Fluss sein, der in einen See oder in das Meer mündet?“

So schickt der alte Simon die Kinder mit viel Fantasie wirklich auf eine Weltreise und viele von ihnen wollen ihm erzählen, was sie noch alles entdeckt haben ...

❍ Wie die Kinder in Simons Werkstatt geht ein jeder auf Entdeckungsreise, um seine „Landschaft“, die (unabsichtlich) entstanden ist, zu erkunden. Ein Zimbelton schließt das Erzählen ab und lädt die Kinder ein, zu lauschen und still zu werden. Wir hören auf die Geräusche im Raum.

Plötzlich ist es still in der Werkstatt geworden und die Kinder hören Simons nachdenkliche Stimme:

„Ist unsere Erde nicht auch wie eine riesengroße Kugel, auf der jeder von uns seinen Platz zum Leben hat?

Wo mag dein und mein Platz, unser Zuhause, auf der großen weiten Erdkugel sein?“

T. u. M.: F. Kett

Alle Augen richten sich auf Simon, der seinen Daumen lächelnd in die Luft streckt, um ihn dann an einer bestimmten Stelle sanft in die weiche Tonkugel zu drücken.

„Schaut her, hier ist mein Platz, mein Zuhause auf der großen weiten Erde!“

Im nächsten Augenblick tun es ihm die Kinder gleich: „Hier ist mein Zuhause, dort ist mein Platz!“ hört Simon sie rufen.

Und Simon schaut genau hin, um zu sehen, welchen Platz sich jedes der Kinder ausgesucht hat.

Zufrieden und lachend verlässt die Kinderschar an diesem sonnigen Tag Simons Töpferwerkstatt.

❍ Wie in der Geschichte, bezeichnet jedes Kind mit seinem einmaligen Daumenabdruck einen Ort und damit seinen Lebensplatz. Wie die Kinder in der Geschichte dürfen wir uns freuen, dass wir einen Platz zum Leben auf unserer Erde haben.

T. u. M.: F. Kett

2. Dass meine Augen sehen können, meine Ohren hören;
dass ich riechen, schmecken kann, mit meinen Händen greifen.

3. Dass ich lachen, weinen kann und laut vor Freude singen;
dass ich, wenn ich traurig bin, werd' wieder guter Dinge.

4. Dass meine Lippen reden können und mein Herz kann fühlen;
dass ich helfen, trösten kann und andre Menschen lieben.

GEBET

Guter Gott.
Wir danken dir für unser Erde.
Wir danken dir für alles, was es darauf zu sehen gibt:
Für die bunten Wiesen, für den Wald, für die Berge, (...).
Wir danken dir auch für unseren Platz auf der großen Erde.
Es ist schön, einen Platz zum Leben zu haben.
Danke, guter Gott. Amen.

❍ Abschließend legen wir unsere Tonkugeln zu unserem Mittebild und schmücken sie noch mit Legematerialien.

DIE WEBERIN MIRIAM

GEDANKEN

Ein neugeborenes Baby liegt geborgen in den Armen seiner Mutter und spürt ihre Wärme. Auch in den folgenden Monaten und Jahren der Kleinkinderzeit erfährt das Kind hoffentlich immer wieder Nähe und Geborgenheit bei den Eltern und anderen Bezugspersonen.

Der Beter des 139. Psalms hatte wohl diese Grunderfahrung im Blick, wenn er sagt: „Du umschließt mich von allen Seiten und legst deine Hand auf mich. Zu wunderbar ist für mich dieses Wissen." (Vers 5, 6)

Und noch mehr: Er preist Gott, der ihn so wunderbar im Schoß seiner Mutter gewoben hat. Geformt und kunstvoll gewirkt in den Tiefen der Erde (Vers 13–15). Er bringt zum Ausdruck, was er glaubt: Von Anfang an darf sich der Mensch in Gott geborgen fühlen.

Die Weberin Miriam umgibt sich in der nachfolgenden Erzählung äußerlich mit einer gewobenen Decke. Innerlich spürt sie am Ende des Tages, wie Gott es ist, der sie umhüllt, von allen Seiten umschließt.

Auch die Kinder wollen wir zu einem solchen Glauben führen. Unsere gesamte Pädagogik ist geprägt vom barmherzigen Gott, den Jesus uns vermittelt hat. In diesem alttestamentlichen Text des Psalms und in der Geschichte der Weberin Miriam scheint dasselbe Gottesbild auf, von dem Jesus im Neuen Testament spricht und das die Erziehungsziele unserer Einrichtungen prägen sollte. Der Glaube an einen bergenden, liebenden Gott kann frei und stark machen, das Leben in allen seinen Dimensionen anzunehmen.

Im Spiel, das zugleich für das Kind Lebenserfahrung ist, wollen wir dieses Vertrauen und Geborgensein aufnehmen in eine Gebärde. Nacheinander legt dabei ein Kind dem anderen eine warme Decke um die Schultern.
Viele Kinderaugen erzählten mir dabei mit ihrem Leuchten, dass sie etwas von diesem tiefen Umhülltsein und -werden des Menschen erahnten.

MIT WOLLE UND EINEM WEBRAHMEN UMGEHEN

Um die Erzählung mit allen Sinnen vorzubereiten, sollten die Kinder mit ungesponnener und gesponnener Wolle umgehen:
Da wird in einem verdeckten Korb ungesponnene Wolle erfühlt. Bei noch nicht ganz ausgewaschener Wolle riechen wir noch etwas vom Schafgeruch und fühlen das Wollfett.

Wir holen Erkundigungen ein, wo ein Schäfer anzutreffen ist, der noch aktiv oder bereits im Ruhestand von seinem Beruf erzählen kann. Falls das nicht möglich ist, schauen wir uns Bilder davon an.

Wir richten in einer Ecke des Gruppenraumes eine Webwerkstatt ein. Da können wir versuchen, aus ungesponnener Wolle einen dünnen Faden zu drehen. Wenn jemand aus dem Bekanntenkreis das Spinnhandwerk beherrscht, laden wir sie/ihn in den Kindergarten ein, um uns diese Kunst des Spinnens am Spinnrad zeigen zu lassen.

Eine andere Tätigkeit könnte darin bestehen, gesponnene Wolle zu Wollknäuel aufzuwickeln. Anschließend machen wir ein Spiel daraus, die verschieden farbigen Wollknäuel zu kombinieren, um herauszufinden, welche Farben gut zueinander passen würden.

Jetzt kann die Arbeit an verschiedenen Webrahmen beginnen, die auch mit einfachen Mitteln selbst herstellbar sind: Z. B. bauen wir aus Ästen und etwas Blumendraht ein Gerüst für einen eckigen Rahmen.

Oder wir biegen einen Weidenast in die Rundform und fixieren Anfang und Ende mit Draht. In der Mitte dieses Gebildes wird eine Beilagscheibe oder ein beliebiger Ring aus Metall mit Fäden von allen Richtungen her eingespannt. Weitere eingeknotete Fäden ergeben dann das Webnetz. (Vgl. im Heft RPP 2001-2-42 ff.: Mandalas weben.)

Ein Rhythmikreifen, mit einem Wollnetz versehen, eignet sich gut als großer Webrahmen für Gemeinschaftsarbeiten (vgl. im Heft RPP 2001-2-42 ff.: Mandalas weben).

Eine weitere sehr schöne Geschichte zum Thema „Wärme teilen“ findet sich in Erzählung und Gestaltung in der Mappe „Welch ein Glück, mit Kindern zu leben“ (von Margot Eder, RPA-Verlag, S. 63 ff.: Eine alte Frau strickt eine bunte Wolldecke, die am Ende alle Tiere des Waldes in der Kälte des Winters wärmt.)

Sicher entstehen bei diesem Tun und Erzählen noch viele andere Ideen und Geschichten.

VORÜBUNGEN

Gemeinsam entdecken wir eine gewobene Decke und ihre spielerischen Möglichkeiten:

- ❍ Eine Decke ist in einem großen Korb mit einem Tuch verdeckt. Einige Kinder helfen ihn in die Mitte zu bringen und dort abzustellen. Andere dürfen mit einer Hand hineingreifen und den Inhalt erfühlen. Sie finden Worte, wie es sich angefühlt hat.

- Die Decke im Korb wird durch das langsame Zurückschlagen des Tuches entdeckt. Nacheinander rufen sich die Kinder mit einer Geste oder mit dem Namen gegenseitig an den Korb, um die Decke in Augenschein zu nehmen.

- Wir spielen einander vor, was wir mit solch einer Decke alles tun können
  - sich auf die Decke legen,
  - sich mit der Decke zudecken,
  - sich ganz mit der Decke einhüllen,
  - die Decke über den Kopf ziehen,
  - sich auf die Decke legen und ein kleines Stückchen hochheben lassen, usw.

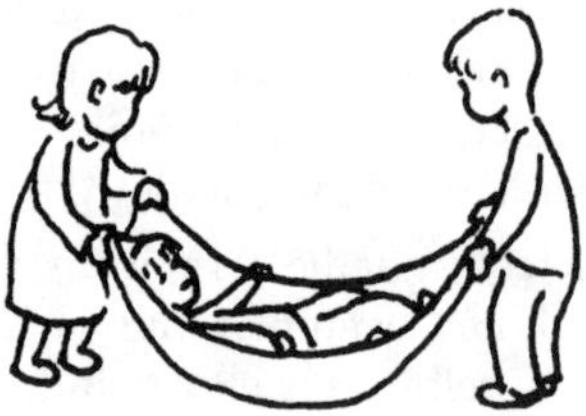

- Zum Abschluss können wir auf unserer Decke ein Picknick herrichten und halten.

WIR VERSAMMELN UNS ZUR GESCHICHTE

- Gefaltete Rhythmiktücher in den Farben gelb, blau, rot, orange, grün, violett (in ausreichender Zahl, d. h. mehrere von einem Farbton) werden in den Stuhlkreis gebracht und auf dem Boden abgelegt. Die Kinder können sich äußern, was ihnen zu diesen Farben oder zu ihrer Anordnung einfällt: z. B. Farbkasten, Fleckerlteppich, Regenbogen.

- Vielleicht haben die Kinder Freude an einer Farbwahrnehmungsübung: Sie schließen die Augen und während dessen werden zwei Farben vertauscht. Welche Farben haben einen anderen Platz bekommen?

- Jedes Kind bekommt nun ein farbiges Tuch übergeben und legt es – bis alle eines haben – zwischenzeitlich auf dem Boden ab.

- Dann überlegen wir: An was erinnert mich meine Farbe? An was oder an wen muss ich dabei denken? Nach der Reihe äußern wir unsere Einfälle.

- Die Kinder mit einer gleichen Farbe werden evtl. mit einem Ton (für jedes Kind einen) oder durch leises Flüstern der Farbe in die Mitte gerufen. Sie tragen ihre Farbe mit offenen Händen und zeigen einander ihre Farbe. Dabei singen wir: „Die (...) Farbe trage ich, ich sehe sie bei mir. Die (...) Farbe trägst auch du, ich sehe sie bei dir. Ja, schön, das (...) mag ich gern sehn."

T.: Th. Brunnhuber
M.: H. Neubauer

❍ Wir entfalten unsere Tücher ganz und rollen sie jeweils zu einem schmalen Band zusammen und legen sie vor uns ab.

❍ Sechs Rhythmikseile werden an sechs Kinder ausgegeben. Jeweils zwei Kinder stellen sich gegenüber und halten miteinander zwei Seile an den Enden. Sie kommen zur Mitte. Sie spannen ihre Seile aus und stellen sich nebeneinander, bilden so miteinander eine Art Webrahmen. Dann legen sie die Seile auf dem Boden ab, halten aber noch an den Enden fest. Zuerst wird ein gelbes Tuch eingewoben, dann ein blaues, rotes, oranges, grünes, violettes. Dann beginnen wir wieder von vorne, solange, bis wir alle Tücher eingewoben haben. (Natürlich können auch zuerst alle gelben und dann ebenso alle blauen, roten Tücher etc. auf einmal untereinander eingewoben werden.)

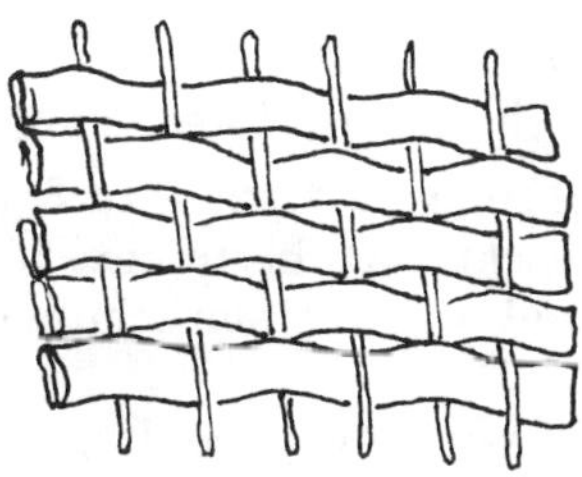

❍ Ein Korb, gefüllt mit bunter (Märchen-) Wolle (in der Farbe unserer Tücher) und mit einem Tuch zugedeckt, wird von Kind zu Kind getragen. Jedes Kind darf mit der Hand den Inhalt ertasten. Bevor wir den Korb abdecken, denkt jedes Kind an die verschiedenfarbige Wolle, die sich in dem Korb befindet.

❍ Wir schauen uns die farbige Wolle an und stellen den Korb zu unserer Mitte. Dann hören wir die Geschichte von der Weberin Miriam:

ERZÄHLUNG

Es gibt zwei Möglichkeiten anzufangen:

1. Möglichkeit:

Miriam sitzt vor einem großen Korb mit weicher, ungesponnener Wolle. Sie freut sich an den schönen Farben.

Sie nimmt etwas davon und spinnt mit ihren geschickten Fingern daraus einen dünnen Wollfaden. Sie nimmt immer wieder etwas ungesponnene Wolle dazu und der Faden wird länger und länger.

❍ Ein im Korb verstecktes Wollknäuel wird abgewickelt und von Kind zu Kind weitergereicht, bis der Faden den Kreis einmal umrundet hat.

Als der Faden sehr lang geworden ist, wickelt ihn Miriam zu einem Wollknäuel auf.

❍ Der Faden wird wieder um den Wollknäuel herum oder zu einem neuen Wollknäuel aufgewickelt.

Bis zum Abend hat Miriam viele gesponnene Fäden zu einigen Wollknäueln aufgewickelt.

Sie freut sich an den verschiedenen Farben, die wie die Regenbogenfarben leuchten. Morgen will sie mit dem Weben beginnen und sucht sich dafür die farbigen Wollknäuel aus. Dabei denkt sie an ihre Großmutter, die zu ihr gesagt hatte: „Die Farben müssen zusammenklingen wie die Töne eines Liedes. Dann fühlen sich die Menschen wohl in ihren Kleidern!"

Müde geht Miriam zu Bett. Leise sagt sie zu sich selber: „Morgen Früh weckt mich bestimmt die Sonne auf. Gute Nacht!" Miriam schläft ein und träumt einen schönen Traum.

❍ Wir hören eine Traummusik mit der Märchenharfe oder einem Glockenspiel.

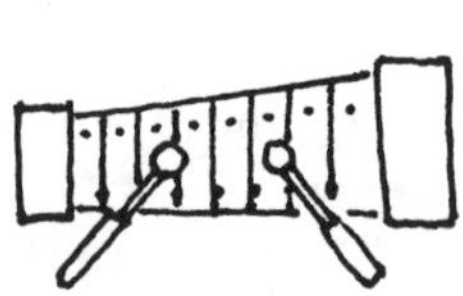

2. Möglichkeit:

Miriam ist eine Weberin. Ihr Handwerk ist es, aus bunter Wolle Teppiche, Decken, Kissenbezüge und Stoffe aller Art zu weben.

Fortführung:

Früh am Morgen geht die Sonne auf. Sie lacht in Miriams Schlafzimmer und kitzelt sie an der Nase.

❍ Dabei kitzeln auch wir uns mit dem Finger an unserer Nase.

Es ist, als ob die Sonne sagen will: „Komm, Miriam, steh auf und beginne mit deinem neuen Webstück!"

Bald darauf sitzt sie an ihrem großen Webstuhl, um mit dem Weben anzufangen. Doch, mit welcher Farbe sollte sie beginnen?

Da denkt sie an die helle Sonne, die sie aufgeweckt und an der Nase gekitzelt hat. Miriam greift nach dem leuchtend gelben Wollknäuel.

Wollt ihr wissen, welche Farbe Miriam als zweite Farbe wählt?

Dann müsst ihr an das erfrischende kühle Brunnenwasser denken, mit dem sie sich in der Frühe abwäscht.

❍ Pantomimisch waschen wir uns mit beiden Handflächen unser Gesicht.

Gelb und blau, wie schön sie zusammen passen. Hin und her webt sie Faden um Faden, denn die fleißigen Hände Miriams machen keine Pause.

❍ Wir spielen das Hin- und Herweben mit unseren Händen nach.

Nun ist die nächste Farbe auszuwählen. Miriam legt das blaue Wollknäuel beiseite.

Im Kamin brennt das Feuer und macht ihre Wohnung gemütlich warm.

❍ Mit unseren Händen streichen wir über unsere Schultern.

Die Feuerflammen leuchten rot und orange. Die beiden Farben passen bestimmt gut zu gelb und blau. So nimmt Miriam diese beiden Farben. Hin und her webt sie Faden um Faden, abwechselnd rot und orange.

Dann steht Miriam auf und geht zum Fenster. Sie schaut hinaus.

❍ Wir halten die Handfläche über die Augen und schauen aus.

Das Gras im Garten leuchtet ihr mit seinem frischen Grün entgegen. Es ist Frühling. Und auf den hohen Bergen liegt noch der weiße Schnee. Doch was leuchtet denn da an der Hauswand? Da hat die warme Frühlingssonne bereits einen violetten Krokus aus der Erde gelockt.

❍ Wir spielen mit unseren Händen einen aufblühenden Krokus.

Jetzt wisst ihr auch die nächsten Farben, mit denen Miriam weiter webt: Grün und Violett.

Schließlich ist sie fertig. Es ist eine schöne Decke geworden.

Das Feuer im Kamin ist ausgegangen und im Zimmer ist es kühl geworden.

Da nimmt Miriam ihre schöne Decke und legt sie sich um die Schultern.

❍ Wir spielen diese Geste nach.

Dabei denkt sie voll Freude an den vergangenen Tag mit seinen Farben. Sie spürt die Wärme der Decke, die sie einhüllt und birgt. Sie wird ganz still.

Ein Gedanke steigt aus ihrem Herzen auf: „Eingehüllt bin ich von deiner Liebe, o Gott, und ganz bei dir geborgen."

Sie dankt Gott für alles, was sie sehen und erleben durfte. Sie dankt Gott für ihre Hände und für ihre Arbeit. Sie dankt ihm, dass er ihr das Leben geschenkt hat und bei ihr ist, so nah wie ihre wärmende Decke.

Sie betet in ihrem Herzen:

„Vater im Himmel.
Wenn ich an dich denke,
dann denke ich an eine warme Decke,
die mich umhüllt und wärmt.
Sei du bei mir heute in der Nacht,
am nächsten Morgen
und alle Tage und Nächte meines Lebens.
Amen."

❍ Mit Legematerial und schön gestalteten Zeichen oder Bildern rahmen wir unser Mittebild ein.
Wir greifen noch einmal das „Umhülle-Spiel" mit der Decke auf und singen dazu das Lied „Wo ich gehe, bist du da" oder „Gott, der du heute mich bewacht" siehe S. 16.

T. u. M.: F. Kett

2. Wenn ich lache, bist Du da.
Wenn ich weine, bist Du da. Du bist da ...
In der Freude bist Du da
und im Leid bist Du da. Du bist da ...

3. In der Stille bist Du da
und im Sturm bist Du da. Du bist da ...
In der Flut bist Du da
und im Feuer bist Du da. Du bist da ...

4. In der Höhe bist Du da.
In der Tiefe bist Du da. Du bist da ...
In der Not bist Du da.
Und im Tod bist Du da.. Du bist da ...

DER ZIMMERMANN TOBIAS

GEDANKEN

Der Beruf des Zimmermanns führt uns menschheitsgeschichtlich bis an die Anfänge des Wohnens. Die weidewechselnden Nomaden bauten ihre Zelte aus Ästen, Fellen und Leder. Mit der Sesshaftwerdung der Menschen änderten sich auch die Wohnverhältnisse: Aus den beweglichen Zelten wurden Häuser aus Holz, Lehm oder Stein.

Die stabile, dauerhafte Bauweise erforderte ein geplantes Vorgehen und richtete sich dann nach den vorhandenen Baumaterialien des Bauherrn. Zeugnisse dieser stabilen Bauweise sind Dachstühle und Holzhäuser, die Jahrhunderte überdauert haben.

Schon im Buch des Propheten Jesaja (44, 14), etwa 700 Jahre v. Chr., lesen wir ein sehr altes Zeugnis über das Handwerk des Zimmermanns: „Er haut Zedern ab und nimmt Kiefern und Eichen und wählt unter den Bäumen des Waldes. Er hatte Fichten gepflanzt, und der Regen ließ sie wachsen." Der Prophet schildert auch das Vorgehen bei der Arbeit (44, 13): „Der Zimmermann spannt die Schnur und zeichnet mit dem Stift, er behaut das Holz und zirkelt es ab."

Tätigkeiten wie Planen, Messen, Zeichnen, Abzirkeln, Berechnen prägen die Arbeit des Zimmermanns, der das Holz für das Bauwerk gut auswählt.

Nicht zuletzt ist Jesus als „Sohn des Zimmermanns" bekannt, er war wohl auch selbst Zimmermann (Mk 6, 3) und folgte so der Familientradition.

Wenden wir uns nun der Erfahrungswelt des Kindes im Kindergartenalter zu:

SICH EINÜBEN IN DIE TÄTIGKEIT DES ZIMMERMANNS

- Sind entsprechende Materialien vorhanden, spielen die Kinder die Entwicklung des menschlichen Wohnens nach. Wie gerne bauen sie sich Behausungen aus Ästen oder Zelte aus Stangen und Decken oder Tüchern. Das gemeinschaftliche Planen und das kreative Gestalten kann sich dadurch entwickeln.
- Die Bauecke ist neben der Puppenecke ein weiterer Ort, in dem spielerisch Wohn- und Lebensraum gestaltet werden kann.
- Ist eine Werkbank vorhanden, besteht eine weitere Möglichkeit, in die Tätigkeit des Zimmermanns hineinzuwachsen. Vierkanthölzer oder Äste können in unterschiedliche Stücke gesägt und ein wenig glatt geschliffen werden. Das so erarbeitete Baumaterial wird durch Einölen geschützt und die Holzmaserung wird gut sichtbar.

- Ein Besuch im Wald oder in einem Park kann den Kindern die bewusste Begegnung mit verschiedensten Bäumen ermöglichen. Dabei wird es in einer sinnorientierten Begegnungsweise vor allem um das Erleben mit allen Sinnen und mit dem Herzen gehen. Natürlich lernen wir auch, die verschiedenen Baumarten zu benennen, sie in einem Bilderbuch wiederzuerkennen, ihre Rinde zu unterscheiden usw.

- Der Garten der Kindertagesstätte kann Kinder einladen, sich manchmal ganz still unter einen Baum zu setzen, die Geräusche der Bäume zu hören, die Arme um einen Stamm zu legen, in die Zweige zu schauen, den Duft der Rinde und des Harzes wahrzunehmen, sich als kleines Tier in die Wurzeln oder Äste des Baumes hineinzuträumen.

- Das Betrachten verschiedener Baumscheiben kann dazu anregen, die Jahresringe zu zählen, die Maserung zu unterscheiden, über das Alter des Baumes zu staunen und für das Leben des Baumes dankbar zu sein.

- Die Besichtigung eines Rohbaus mit seinem Dachstuhl und ein Gespräch mit den Zimmerleuten kann das Interesse der Kinder und die Hochachtung vor dem Können eines Handwerkers anregen und ebenfalls zur Dankbarkeit führen. Sind es doch Zimmerleute, die ihre Arbeitskraft eingesetzt haben, damit wir zuhause und im Kindergarten ein schützendes Dach über dem Kopf haben. (Siehe hierzu auch „Im Kindergarten zuhause sein“, RPP 1987-4-28 ff.)

- Aus kleinen Holzplatten können Vogelhäuschen für den Winter oder kleine Krippen für die Heilige Familie gefertigt werden. Somit erleben die Kinder, dass sie selbst für ein schützendes Dach sorgen können.

- Beim Bau eines Spielhäuschens im Garten werden die Kinder mit einbezogen. Wie soll das Haus aussehen? Was brauchen wir dazu? Die Kinder können Hausentwürfe oder Pläne zeichnen, sich Gedanken zum benötigten Werkzeug und Material machen, um von Anfang an spielerisch an der Planung beteiligt zu sein.

- Zusammen mit den Kindern kann ein geeigneter Platz ausgewählt, umschritten, mit Schnüren ausgemessen werden. Zusammen mit Eltern, einem „echten“ Zimmermann und den Erzieherinnen können sich die Kinder dann an den Bau des Häuschens wagen.

- Die gemeinsame Freude über den gelungenen Bau kann bei einem Richtfest und dem gesprochenen Haussegen seinen festlichen Abschluss finden.

- Wird, wie in der Geschichte vom Zimmermann Tobias, ein kleines Bäumchen mit bunten Glückwunschbändern gepflanzt, kommt dadurch ohne viel Worte zum Ausdruck, dass Nehmen und Geben zusammen gehören, wenn die uns anvertraute Schöpfung den nachfolgenden Generationen erhalten werden soll.

ERÖFFNUNG DES SCHAUPLATZES FÜR DIE ERZÄHLUNG

- ❍ Ein braunes Rhythmiktuch wird in der Mitte ausgebreitet. Jeweils zwei Kinder zusammen umschreiten das Tuch und stellen einen großen Zapfen und ein grünes Tuch darauf.
- ❍ Wir assoziieren: ..., Wald.
- ❍ Wir träumen vom Wald und spielen Bäume: Unsere Füße stehen fest, wie angewurzelt, auf dem Boden. Unsere Arme führen wir langsam in die Höhe und spielen die Äste und Zweige. Der folgende Sprech- oder Liedvers kann unser Tun begleiten.

- ❍ Sprech- oder Liedruf, V/A: Wir strecken uns aus wie ein großer Baum.
- ❍ Die Kinder stehen beisammen, so wie manchmal auch die Bäume im Wald eng beieinander stehen und sich mit ihren Ästen berühren, vor allem dann, wenn der Wind sie bewegt.
- ❍ Sprech-, Liedvers: Wir strecken uns aus wie ein großer Baum und wiegen uns im Wind.

ERZÄHLUNG

Tobias ist ein geschickter Zimmermann und in der ganzen Gegend bekannt, denn er kann gute Häuser bauen.

Zusammen mit seinem Sohn Daniel ist er am Morgen in den nahen Wald hinausgefahren.

Ein leichter Wind bewegt die Bäume hin und her. Die Äste berühren einander sacht und ein Rauschen erfüllt den Wald.

„Die Bäume wollen uns etwas erzählen“ sagt Tobias zu seinem Sohn, der ganz still geworden ist und lauscht.

Was werden die Bäume mit ihrem Rauschen den Beiden erzählen?

- ❍ Die Kinder erzählen, was die Bäume dem Zimmermann Tobias und seinem Sohn Daniel wohl gesagt haben.

Vielleicht erzählen sie ihnen von der wärmenden Sonne und dem kühlenden Regen im Sommer, von Wind und Sturm im Herbst, vom Schnee, der im Winter auf die Äste und Zweige fällt.

❍ Wir spielen die Bäume in der entsprechenden Jahreszeit nach: Einige stellen die Bäume dar, andere lassen Sonnenstrahlen darauf scheinen, den Regen darauf fallen, usw.

„Wir Bäume stehen fest zusammen, mit unseren starken Wurzeln geben wir einander Halt“ hört Daniel einen alten Baum sagen.

„Nein, langweilig wird mir nie!“ sagt ein noch junger Baum. „Tief in der Erde, zwischen meinen Wurzeln, huschen Mäusekinder durch die Gänge, die ihre Eltern gegraben haben. In ihrer Höhle fühlen sie sich wohl und geborgen.“

T. u. M.: H. Neubauer

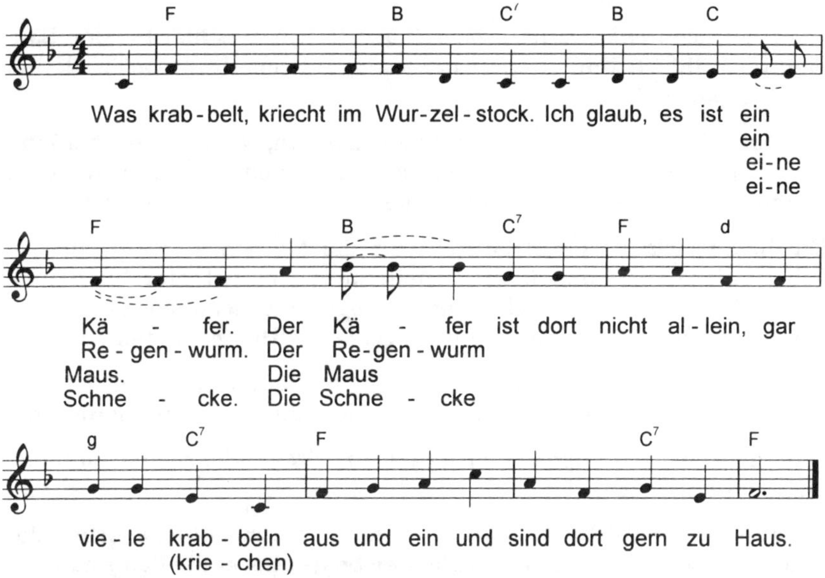

„Da schau, Daniel!“ sagt ein anderer Baum. „Ein Eichhörnchen turnt gerade in meinem Geäst herum. Geschwind hüpft es von Ast zu Ast und lässt dadurch meine Äste schaukeln. Ja, wir Bäume haben immer Gäste, die bei uns ein Zuhause finden.“

❍ Einige Kinder spielen Bäume, die fest verwurzelt an ihrem Platz stehen und ihre Äste zum Himmel empor strecken. Sie stehen zusammen wie die Bäume im Wald und geben einander Halt.

❍ Andere Kinder spielen nacheinander die Tiere, die den jungen Baum besuchen: Sie kitzeln an den „Wurzel“-Füßen oder bringen die „Äste“-Arme zum Schaukeln.
Nach den Ideen der Kinder können weitere Waldtiere gespielt werden:
Ein Fuchs, der zwischen den Bäumen umherschleicht; ein Bär, der sich genüsslich brummend an den Bäumen reibt; ein Wildschwein, das gerne das gleiche tut.

Vieles hatten die Bäume zu erzählen und so hören Tobias und Daniel lange und aufmerksam zu.

Ganz bei sich denkt Daniel, wie still und friedlich es hier bei den Bäumen im Wald ist. Und er spürt in seinem Herzen, dass Gott in diesem Frieden ganz nahe ist.

„Ach, ihr Bäume“ sagt Tobias zu ihnen. „Ich bin, wie ihr wisst, ein Zimmermann. Ich brauche euch zu meiner Arbeit. Ich brauche eure Stämme aus gutem Holz, damit ein neues Haus gebaut werden kann.“

Die Bäume wissen um ihren Wert für die Menschen. So macht sich Tobias mit seinem Sohn an die Arbeit. Sie suchen sich einzelne Bäume für ein Holzhaus aus. Welche Bäume mögen die richtigen sein für die langen Dachbalken, die das schwere Dach des Hauses tragen können?

Tobias, der Zimmermann kennt sich mit den Bäumen aus und so findet er auch bald die geeigneten Bäume für die Wände und Zimmerdecken.

Nun machen sich einige Helfer an die Arbeit, um die Bäume zu fällen und auf den Wagen zu laden.

Zuhause in der Werkstatt beginnt dann erst die eigentliche Arbeit des Zimmermanns. Mit geschickten Händen bearbeitet er die Baumstämme, hobelt sie ab und kerbt sie an der richtigen Stelle ein. Dann beginnt das Messen und Sägen. Viele Tage dauert diese schwere Arbeit. Erst danach können Tobias und sein Sohn mit dem Hausbau beginnen.

Für den zweiten Teil der Geschichte wird ein neues Bodenbild gestaltet:

❍ Mit acht Rhythmikseilen legen wir in der Mitte ein Quadrat aus. Einzelne Kinder dürfen es abgehen.

❍ Alle zusammen zeichnen wir die Form mit dem Finger auf den Boden.

Ein Bauherr hat einen Bauplatz ausgewählt. Nun will er ein Haus bauen.

❍ Ein graues Rhythmiktuch wird länglich gefaltet in das Seilquadrat gelegt. Es erinnert uns an ein Fundament aus Beton. Darauf bauen wir dann das Haus.

Der Bauherr legt das Fundament für sein Haus.

Tobias denkt bei sich: Der feste Grund wird dem Haus einen guten Halt geben.

❍ Wir setzen uns auf den Boden, stellen unsere Füße eng aneinander und spielen ein festes Fundament nach. Mit beiden Händen zeigen wir den waagrechten Grund.

„Lasst uns jetzt mit dem Hausbau beginnen!“

Balken um Balken werden durch die sicheren Hände der Zimmerleute zusammengefügt, bis die Hauswände hoch genug sind.

❍ In einer Vorarbeit haben die Kinder selbst Holzklötze gefertigt oder waren in einer Schreinerwerkstatt mit dabei. Natürlich können ebenso bereits vorhandene Holzteile verwendet werden, die die Wände unseres Hauses darstellen sollen. Dabei wird ein Holzstück an das andere gefügt.

T. u. M.: Thomas Brunnhuber

2. Das Haus braucht feste Mauern!
3. Das Haus braucht auch ein Dach.

Nun werden die langen, starken Dachbalken mit Seilwinden hochgezogen. Es ist eine rechte Freude, den Zimmerleuten bei ihrer Arbeit zuzusehen. Schließlich ist der Dachstuhl aufgerichtet. Er ragt hoch zum Himmel empor.

❍ Die Decke und den Dachstuhl des Hauses bilden drei lange Hölzer, die in Form eines Dreiecks auf die Holzwände abgelegt werden.

❍ Wir spielen unser Haus und beginnen wie vorher mit den Füßen, zeigen dann die Wände und bilden über unserem Kopf das spitze Dach, das zum Himmel zeigt.

Nach alter Sitte wird nun das Richtfest gefeiert. Der Bauherr und seine Frau haben Nachbarn, Verwandte und Freunde zur Feier eingeladen. Mit einem kleinen Bäumchen, an dem bunte Bänder wehen, tritt Tobias, der Zimmermann, vor die versammelten Menschen, um der Familie seinen Richtspruch und seine guten Wünsche zu sagen.

❍ Eine Zimbel wandert von Kinderhand zu Kinderhand. Können wir für die Familie, die in dem Haus wohnt, einen schönen Ton und einen guten Wunsch finden?
- Ich wünsche euch Fröhlichkeit.
- Ich wünsche euch Schutz und Geborgenheit.
- Ich wünsche euch Kindern schöne Spielsachen.
- Ich wünsche euch immer genug zum Essen.
- Ich wünsche euch Kindern einen großen Kletterbaum.
- Ich wünsche euch gute Freunde.

Hört nun, was Tobias der Familie sagt und wünscht:
„Ich habe euch ein kleines Tannenbäumchen mitgebracht. Es soll euch erzählen von den Bäumen im Wald und ihrem Holz, aus dem wir euer Haus gebaut haben.
So wie die Bäume den Waldboden und die Tiere vor Hitze und Kälte, vor Regen und Wind schützen, sollt ihr in eurem Haus Geborgenheit finden.
Viele kleine und große Tiere dürfen Gäste der Bäume im Wald sein. Zeigt auch ihr eure Gastfreundschaft, wenn kleine und große Menschen euch besuchen.
Die Bäume im Wald stehen zusammen und geben einander Halt. Auch ihr sollt in eurer Familie zusammenhalten und Freude und Not miteinander teilen.

Gebt diesem kleinen Tannenbäumchen einen guten Platz in eurem Garten. Denn es will euch Tag für Tag von der Ruhe und dem Frieden der Bäume im Wald erzählen.
So wünsche ich euch von Herzen:
Frieden wohne in eurem Haus!
Gott segne alle, die da gehen ein und aus."

T. u. M.: F. Kett

❍ Ein kleines Tannenbäumchen, in einer Schale oder einem Topf eingepflanzt, wird im Kreis getragen. Wie Wünsche binden wir bunte Bänder an den Baum.
Wir geben ihm einen guten Platz neben unserem Haus.

❍ Gesammelte Naturmaterialien aus dem Wald: Wurzeln, Zapfen, Steine, Moos, Legematerial und Chiffontücher werden bereitgestellt. Daraus gestalten die Kinder einen „Wunschgarten" um unser Haus und das „Wunschbäumchen".

Als weiteres geeignetes Material zu dieser Einheit finden Sie in unserem Verlag: das Bilderbuch „Der Apfelbaum" v. Lobe

DER STRASSENKEHRER RICARDO

GEDANKEN

Die Geschichte des Straßenkehrers Ricardo, ist, wie sein Name verrät, in Italien entstanden. Fast in jeder kleinen Stadt in den Marken (Gegend in Oberitalien) bin ich einem Straßenkehrer begegnet, der mit seinem Besen und seinem Straßenkehrerwagen durch die vielen Gassen zog.

Beeindruckt hat mich, wie freundlich die Menschen einander begegnen, vor allem auch dem Straßenkehrer. Immer ist Zeit für eine kleine Unterhaltung, eine Pause in einem Cafe.

Die einfache Tätigkeit des Ricardo wird von seinen Mitmenschen wertgeschätzt. So kann er fröhlich, zufrieden und dankbar seine Arbeit tun. Vielleicht könnte diese Erzählung die Kinder und uns Erwachsene zu mehr Fröhlichkeit und Dankbarkeit gegenüber den selbstverständlich erscheinenden Dingen unseres Lebens führen.

Der Apostel Paulus lädt uns ein, die Herzensfreude zu entdecken, die uns jeden Tag neu von Gott geschenkt wird. "Freuet euch alle Zeit, betet ohne Unterlass, danket für alles, denn das ist der Wille Gottes in Christus für euch!" schreibt er im Brief an die Philipper (4, 4 – 7).

In der Erzählung vom Straßenkehrer Ricardo kann etwas von dieser geschenkten Freude in uns zum Klingen kommen.

Kinder führen gern einfache Tätigkeiten aus und erleben auf diese Weise Freude an ihrem Tun. So zählt das Zusammenkehren im Gruppenraum zu den sich täglich wiederholenden Arbeiten, an denen die Kinder Anteil haben können.

Vielleicht können wir mit den Kindern zusammen einen Reisigbesen binden (siehe unten). Im Herbst sind die Kinder sicher mit viel Eifer dabei, das herabfallende Laub im Hof und Garten zusammenzukehren. Auf diese Weise können sie im praktischen Tun in die Geschichte vom Straßenkehrer Ricardo hineinwachsen.

WIR VERSAMMELN UNS ZUR GESCHICHTE

❍ Die Kinder werden in der Vorstellung an den Anfang des Tages zurückgeführt: Wir spielen das im-Bett-Sein, das Aufwachen und Strecken, das Aufstehen, die morgendliche „Katzenwäsche“, das Frühstücken, das außerhaus-gehen. Dazu singen wir das Lied: Schritt, Schritt, Schritt für Schritt, ich gehe und du gehst auch mit.

T. u. M.: G. Batzer

❍ Wir stellen uns vor, dass unser Weg zu einem Brunnen führt. Wir spielen ihn leiblich nach und erfrischen uns an seinem Wasser. Wir spielen die Sonne, die unseren Weg mit ihrem Licht erhellt und ein Getreidefeld, an dem wir vorbeikommen. Mit allen, die mitgegangen sind, schließen wir uns zum Reigen zusammen und danken so für die gute Weg-Gemeinschaft.

❍ Wir spielen das Lied: Dabei darf ein Kind beginnen im Stuhlkreis Schritt für Schritt einen Weg zu gehen. Bei den Worten „Du gehst auch mit“ ruft es ein anderes Kind, das nun der Anführer sein darf, beim Namen oder lädt es mit einer Geste oder einem Zublinzeln ein. Sie verbinden sich mit den Händen, gehen gemeinsam einen Weg und rufen ein weiteres Kind herbei, usw.

❍ Mit braunen Tüchern oder mit Seilen legen wir nach und nach (Schritt für Schritt) einen kreisförmigen Weg aus, wobei sich der Anfang mit dem Ende verbindet.

❍ Den entstandenen Weg gehen wir nach: Mit unseren Augen, mit einem Finger, mit unseren Füßen.

❍ Ein Kind bekommt ein Zeichen (z. B. Zimbelton) und schreitet den Weg ab. Am Ende erhält es wieder einen Ton: Es ist angekommen.

❍ Wir überlegen, welche Wege wir täglich gehen, was wir auf unserem Weg alles sehen; davon können wir auf dem Weg etwas nachgestalten: Blumen, Bäume, Wolken, Häuser, etc.

T. u. M.: F. Kett

❍ Welche Menschen sehen und treffen wir auf unserem Weg? Daraus können wir ein Ratespiel machen: Einer schlüpft in die Rolle eines solchen Menschen und spielt pantomimisch z. B. einen Postboten, einen Müllmann, eine Person mit einem Hund an der Leine, mit Kinderwagen usw., einen Straßenkehrer.

❍ Mit den Kindern zusammen binden wir einen Reisigbesen. (Vielleicht kennen wir einen Besenbinder, der in die Herstellung einführen kann.) Ein stabiler Ast dient uns als Stiel, Birkenreisig und etwas Draht benötigen wir, um mit dem Binden beginnen zu können. Gemeinsam schneiden wir das Birkenreisig klein und die Kinder können die einzelnen Zweige zur Verarbeitung hinreichen. Natürlich wird der Besen gleich ausprobiert!

ERZÄHLEN UND GESTALTEN DER GESCHICHTE

❍ Eröffnet wird die Geschichte mit dem gestalteten Weg in der Mitte.

❍ Weg-Lied: Schritt, Schritt, Schritt für Schritt

❍ Mit unserem Weg-Lied umrunden wir unser Wegbild und nehmen es so von allen Seiten in den Blick.

❍ Mit einem gelben Tuch wird eine Hausform gefaltet, die außen an den Weg angelegt und mit einem Kreuzzeichen bzw. einer Glocke geschmückt wird. Es soll eine Kirche sein, die Glocke ruft zur Kirche, zum Gebet: Wir können sie hören ...

❍ Wir legen noch weitere Häuser an den Weg an. Welche Menschen werden in unserer Stadt wohnen? Zuerst natürlich das Haus für den Straßenkehrer Ricardo, in das wir einen kleinen Reisigbesen legen und einen kleinen Eimer stellen können.

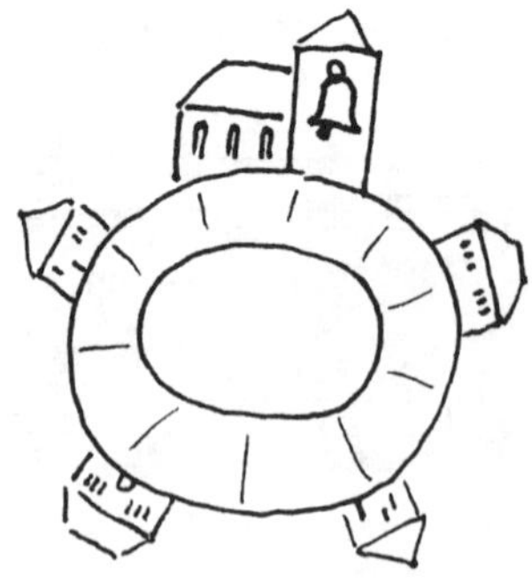

❍ Durch Ideen der Kinder entstehen neben der Kirche und Ricardos Zuhause Häuser für den Bäcker, den Schuster, den Lebensmittelhändler, usw.

❍ Wir spielen die Häuser und wer darin wohnt: Zwei Kinder stehen sich gegenüber, heben die Arme und berühren sich mit den Fingerspitzen. Sie denken sich aus, wer in ihrem Haus wohnen soll. Sie fragen z. B.: „Wer möchte als Bäcker in unserem Haus wohnen?“

ERZÄHLUNG

Italien ist ein schönes Land. Es hat tausend Hügel und viele kleine Städte. In jeder Stadt gibt es viele schmale Gassen. In einer dieser Gassen lebt der Straßenkehrer Ricardo. Er kennt jede kleine Gasse, jeden Platz in seiner Stadt. Jeden Weg und jede Kurve ist er schon viele Male gegangen.
Früh am Morgen beginnt er seine Arbeit.

❍ Mit dem Weg-Lied machen sich die Kinder auf den Weg. Ein Kind bekommt den Reisigbesen und darf damit kehren.

Am Brunnen vor der Stadt schöpft er vom frischen Wasser, um sich am Beginn seines langen staubigen Arbeitstages zu erfrischen.

❍ Gestenhaft erfrischen wir uns wie Ricardo am Brunnen.

In großen und kleinen Bögen streicht er mit seinem Reisigbesen über die Pflastersteine. Schritt für Schritt und Bogen für Bogen geht er seinen Weg.

„Guten Morgen, Ricardo!“ ruft ihm Vincenco entgegen, der schnell zur Schule läuft. „Guten Morgen, Vincenco! Na, wieder mal ein bisschen zu spät dran?“

Schritt für Schritt und Besenstrich für Besenstrich kehrt Ricardo weiter.

Da öffnet die alte Anna ihre Fensterläden und begrüßt ihn freundlich. „Kommst du mich heute besuchen und erzählst mir die Neuigkeiten unserer Stadt?“

„Gerne komme ich, wenn ich mit meiner Arbeit fertig bin!“ Und Anna sagt noch: „Ich koche uns eine kräftige Suppe, die wird dir gut tun!“

Schritt, Schritt, Besenstrich, so zieht Ricardo seine kleinen und großen Bögen wie eine Melodie über die Wege und Gassen.

❍ Mit dem Weglied und dem Reisigbesen machen sich die Kinder wieder auf den Weg.

Da hört er plötzlich Schritte, die sich in seine Besenmelodie mischen. Es ist der Kaufmann des kleinen Lebensmittelgeschäftes, der hastig an ihm vorbeigeht. „Guten Morgen, guten Morgen!“ ruft er schnell und hebt noch rasch die Hand zum Gruß. Und schon ist er ums Eck verschwunden.

Als ein köstlicher Duft an Ricardos Nase vorbeizieht, weiß er, dass er gleich zu der Bäckerei kommt. Die Bäckerin ist eine warmherzige Frau. Sie reicht Ricardo – wie jeden Morgen – ein Stück von dem frischen, knusprigen Brot. Wie das duftet! Wie das schmeckt!

❍ Die Kinder dürfen die Augen schließen. Die Erzieherin geht mit einem Stück frischen Brotes von Kind zu Kind und lässt sie den Duft wahrnehmen. Dann teilen wir das Brot und genießen es. Dazu ein Schluck Wasser: Das tut gut!

Dann geht es weiter: Schritt, Schritt, Besenstrich – Schritt, Schritt, Besenstrich. So biegt er um die nächste Ecke, in die lange Straße, die zum Kirchplatz führt. Das Laub der Bäume wartet dort auf ihn. Die Tonne seines Straßenkehrerwagens füllt sich schnell und im Nu ist der ganze Kirchplatz sauber.

Da hört Ricardo die Kirchenglocken läuten und die Orgel spielen. Er sieht, wie einige Menschen aus der Kirche kommen und sich unterhalten: Der Morgengottesdienst ist zu Ende. Die Kirchenbesucher betreten den sauberen Platz vor der Kirche.

Ricardo stellt seinen Besen beiseite und tritt in die offene Kirche ein. Er setzt sich in eine der hinteren Bänke. Gerne riecht er den Weihrauch und hört in die Stille.

❍ In einem kleinen Schälchen ist etwas Weihrauch. Die Kinder dürfen daran riechen und es vorsichtig ihrem Nachbarn weitergeben.
Dabei könnte man das Lied „Ruhig werden, stille werden“ singen und in die Stille hören.

T. u. M.: F. Kett

Da bemerkt Ricardo, wie sich Pater Francesco neben ihn setzt. Gerne hört Ricardo die Worte des Paters. Und so beginnt Pater Francesco wieder von Bruder Franz zu erzählen, wie er einmal von seinen Mitbrüdern beobachtet wurde, als er auf einem Ast wie auf einer Geige spielte.
Da musste Ricardo an seine Besenmelodie denken, die er über die Gassen und Plätze seiner Stadt streicht.
Plötzlich wird es in seinem Herzen ganz warm und licht, denn die freundliche Stimme des Paters macht ihn froh.
Ricardo beginnt ganz leise zu summen, eine Melodie erfüllt ihn.

❍ Miteinander können wir eine fröhliche Melodie summen, die uns bereits bekannt ist oder die wir selbst erfinden.

Ricardo verabschiedet sich von Pater Francesco und tritt wieder aus der Kirche ins Freie: Die Arbeit wartet.
Er streicht mit dem Besen wieder und wieder über die Pflastersteine der Gassen und Plätze. Da kommt er am Brunnen vorbei. Sein Wasser erfrischt ihn jeden Morgen.

„Danke für das Wasser!“ sagt er leise.

Froh und dankbar geht und kehrt er weiter. Er beginnt wieder seine Melodie zu summen.
Da blickt er nach oben zum Himmel und sieht, wie die Sonne die enge Gasse ganz hell macht.

„Danke für die Sonne!“ denkt er in seinem Herzen.

Er kehrt und summt fröhlich vor sich hin. Beim Bäckerladen erinnert er sich an das frische Brot, das ihm Kraft gibt.

„Danke für das tägliche Brot!“

Wieder beginnt er seine kleine Melodie zu summen, denn bald ist Feierabend und das ist doch ein Grund, fröhlich zu sein!

Ricardo kommt zum Haus der alten Anna, die ihn am Morgen zu sich eingeladen hatte.

„Danke für alle meine Freunde!“

„Danke, guter Gott, für mein Leben!“

Ricardos Dank erfüllt seine Melodie, die er leise vor sich hin summt. Und als er in Annas Haus eintritt, da steigt ihm der Duft einer kräftigen Suppe in die Nase.

❍ Wir umrunden gemeinsam unser Bodenbild und bleiben immer wieder stehen, um den Blick auf die verschiedenen Stationen zu richten. Wie Ricardo wollen wir danken für das Wasser, die Sonne, das tägliche Brot, unsere Freunde und unser Leben. Dazwischen summen, pfeifen, singen wir unsere Freudenmelodie. Abschließend schmücken wir noch die Häuser und den Weg mit schönen Zeichen.

DER GOLDSCHMIED

GEDANKEN

Der Beruf des Goldschmieds war und ist auch heute noch ein angesehener Beruf.

Denn die Ausübung dieses Handwerkes ist eine Kunst. Obendrein hat der Goldschmied mit einem Edelmaterial zu tun, das äußerst begehrt und knapp ist. Gold war für die Menschen schon immer etwas Besonderes, zumal es nicht von Menschenhand herstellbar ist.

Aus Gold hergestellt oder vergoldet werden Gegenstände, die den Menschen kostbar sind.

Kultische Geräte, Schmuck oder Zeichen der Königswürde wurden aus Gold gefertigt und verleihen königliche Würde und Wertschätzung. Wer Gold trägt, sich mit Gold umgibt, tritt aus dem Alltäglichen heraus.

Im christlichen Bereich werden Kelch und Hostienschale, die Monstranz und andere Zeichen wie Kreuz und Leuchter, vergoldet. Sie sollen uns aus der Alltäglichkeit herausheben und somit für den göttlichen Bereich öffnen. Der goldene Kelch und die Hostienschale künden von der Königswürde Jesu Christi, einem König nicht im weltlichen Sinn, sondern einem grenzenlosen König, der mit seiner Güte und Barmherzigkeit und seiner Erlösungstat ausnahmslos für alle Menschen da ist.

Die Erzählung vom Goldschmied möchte aus der Alltäglichkeit herausheben und uns hinführen zu unserer eigenen Königswürde, einer Würde, die es gut mit jedem Menschen meint und auch den anderen in seiner königlichen Würde anerkennt.

Wer in diesem Sinne in die Welt hinauszieht, aus dem Schauen heraus sein Leben gestaltet, der wird reich beschenkt heimkehren. Seine inneren Schätze, sein inneres Gold, kann ihm niemand nehmen, es ist sein ganz Eigenes und unverkäuflich.

SICH EINÜBEN IN DIE TÄTIGKEIT DES GOLDSCHMIEDS

❍ In einer Ecke des Gruppenraumes können wir eine Goldschmiedewerkstatt einrichten.

❍ Ein Tisch wird mit einem schönen Tuch, eventuell rotem Samt, bedeckt. In kleinen Körbchen wird nach und nach goldenes Legematerial wie Knöpfe, Ringe, aus Goldplakat ausgeschnittene Formen, vergoldete Holzkugeln und Plättchen, Stäbchen, usw. bereitgestellt.

❍ In kleinen Gruppen wird das besondere Material eingeführt und angeregt, damit Muster bzw. Schmuckstücke zu legen. Auf diese Weise wachsen die Kinder in die Tätigkeit eines Goldschmieds hinein. Gemeinsam können auch echte Schmuckstücke aus Gold betrachtet werden.

❍ Mit Goldperlenketten (es gibt sie als Christbaumschmuck) können sich die Kinder eigene Muster ausdenken und legen, z. B. eine Spirale, ein Kreis, eine Blume, einen Stern.

❍ Kleine Werkstücke aus Golddraht und goldener Kupferfolie werden gefertigt: Golddrahtstücke um einen Stift wickeln und anschließend abstreifen. Die so entstandene Spirale zusammen mit kleinen Perlen zu einer Halskette auffädeln. Im Tun entstehen sicher noch viele andere Ideen.

VORÜBUNGEN ZUR GESCHICHTE

Der goldene Reifen

❍ Der Leiter legt einen vergoldeten Rhythmikreifen (Goldfolie RPA-Verlag), der mit einem gelben Tuch ganz verdeckt ist, in die Mitte. Die Kinder entdecken nach und nach den Reifen: Jeweils ein Stückchen des Goldreifens wird sichtbar. Das Verklingen eines Zimbeltons kann uns dabei helfen.
Wir betrachten die Farbe des Reifen ein bisschen näher, benennen sie als „Gold“. Dabei sehen wir das Licht auf der Oberfläche leuchten, besonders dann, wenn der Reifen ein wenig bewegt wird.

❍ Auf ganz behutsame Weise wird der Goldreifen mit den Händen berührt, auf die Knie gestellt und rollend von einem zum anderen weitergereicht.
Alle, die dem Reifen gerade gegenübersitzen, können das Funkeln besonders gut sehen. Ist der Goldreifen einmal im Kreis herumgewandert, wird er vorsichtig in der Mitte des Stuhlkreises abgelegt.

❍ Wir können die Augen schließen und mit unserem inneren Auge den Reifen und seine goldene Farbe schauen. Vielleicht werden in uns auch Bilder wach: Die goldene Sonne, eine goldene Kugel, ein goldener Stirnreif, usw.

❍ Diese Assoziationen bringen wir in unseren Leib, beschreiben die Gestalt der Sonne, wölben unsere Hände um eine gedachte Kugel, nehmen im Spiel den Stirnreif auf und setzen ihn uns wie einen königlichen Schmuck auf den Kopf, usw.

❍ Schließlich versuchen wir uns im Vergolden von hölzernen Vorhangringen: Die Vorhangringe werden mit ein bisschen Klebstoff eingestrichen und mit Goldfolie beklebt. Die so hergestellten kleinen Goldreifen finden ihren Platz im oder außen um den großen Goldreifen. Vielleicht gefällt den Kindern noch ein Edelstein oder ein Teelicht in der Mitte?

❍ Bevor das Bild aufgehoben wird, verbinden wir uns über die kleinen Finger selbst zu einem edlen Kreis. Wir danken für diese schöne Farbe und dafür, dass auch wir ein bisschen von dieser „Farbe" in uns haben, dass wir Goldkinder seien.

Die goldene Kugel

❍ Der goldene Reifen wird (wie oben beschrieben) erneut entdeckt und behutsam von einem zum anderen weitergegeben, weitergerollt. Er findet seinen Platz in der Mitte.

❍ Die Melodie eines Glockenspieles lädt zum Träumen ein: Was siehst du in der Mitte unseres goldenen Reifens? Was träumst du dir in die Mitte? Wenn wir diese Dinge in unserem Gruppenraum haben, dann können wir sie nacheinander in den Goldreifen stellen und betrachten. Wenn wir etwas von dem Geschauten draußen finden oder Zuhause haben, dann bringen wir es das nächste Mal mit und würdigen es, indem es in der Mitte sein darf.

❍ In der Mitte unseres Reifens soll heute etwas Kostbares seinen Platz finden:
Eine goldene Kugel liegt in einer Schale, die mit einem gelben oder goldenen Tuch verdeckt ist.
Die Erzieherin geht von Kind zu Kind und lässt achtsam die verhüllte Gestalt fühlen.

❍ Wir zeigen mit unseren Händen die ertastete Form. Wir können dabei die Augen schließen und von einer Kugel träumen. Sie ist kostbar und ganz fein. Welche Farbe hat sie wohl?

❍ Ein Kind darf das Tuch über der Schale abnehmen und das Geheimnis lüften.
Ein weiteres Kind nimmt den Inhalt, die goldene Kugel, vorsichtig heraus, ertastet ihre Form und legt sie einem anderen Kind behutsam in die geöffneten Hände. Dieses Weiterreichen im Kreis geschieht so lange, bis jedes Kind die goldene Kugel in seinen Händen halten durfte.

❍ Die Erzieherin zeigt ein rundes (evtl. dunkelrotes) Samtdeckchen. Wir wollen nämlich in der Mitte unseres Reifens einen schönen Platz für unsere Goldkugel bereiten. Das letzte Kind darf sie dann in der Mitte des kostbaren Deckchens ablegen.

❍ Zwischen Kugel und Reifen können wir ein Mandala aus goldenen Legeteilen gestalten.

❍ Nach dieser Einheit heben wir das Bodenbild wieder auf, nachdem wir das Bild in der Mitte und das Bild davon in uns (bei Augenschluss) angeschaut haben.

ERÖFFNUNG DES SCHAUPLATZES FÜR DIE ERZÄHLUNG

1. Teil

❍ Ein dunkelrotes Rhythmiktuch wird in der Mitte ausgebreitet und eingerundet. Wir bereiten einen Platz für etwas Kostbares.

❍ Nach dem bekannten Umgangsritual findet der Goldreifen seinen Platz auf dem Tuch in der Mitte.

❍ Ein Zimbelton lädt ein, die Augen zu schließen und den goldenen Reifen mit den „inneren Augen“ zu sehen. Die Kinder lassen ihre Augen noch geschlossen – und die Erzählung fängt an:

Es war einmal ein Goldschmied, der formte aus Gold die schönsten und kostbarsten Dinge. Bevor er mit der Arbeit begann, hatte er die Angewohnheit, seine Augen zu schließen und zu warten. Welche Formen und welche Muster wird er wohl in seinen Gedanken gesehen haben?
So saß er da und wartete. Das dauerte immer seine Zeit ...

❍ Auf einen Zimbelton hin werden die Augen geöffnet.

Aber dann gestaltete er aus sich heraus die wunderbaren Formen und die schönen Muster, die er mit geschlossenen Augen gesehen hatte.
Jedes seiner Kunstwerke wurde ein wunderbares Schmuckstück, weil es aus seinem Inneren kam.
Manchmal fügte der Goldschmied auch Edelsteine dazu und verzierte so die goldene Oberfläche.

❍ Ein schönes Kästchen, gefüllt mit roten Glassteinen, wird gezeigt. Jedes Kind bekommt einen Stein in die geöffneten Hände gelegt. Die Kinder dürfen ihren „Edelstein" in der Hand bewegen, dem Licht entgegenhalten und ihn funkeln sehen. Vielleicht können sie sogar ihr Spiegelbild im Glasstein erkennen.

❍ Wir legen unsere Glassteine nacheinander – mit einem kleinen Abstand – auf den goldenen Reifen.

❍ Wir überlegen, an welches Schmuckstück uns das Mittebild erinnert.

❍ Wir wenden uns einander zu, begrüßen uns mit einem „Augen-Blick" und formen mit unseren Händen, gemäß oben genannter Assoziationen
– einen imaginären Stirnreif, den wir einander auf den Kopf setzen,
– eine Kette, die wir um den Hals legen
– einen Ring, den wir über den Finger streifen,
– einen Armreif, den wir über die Hand schieben,
– einen Gürtel, den wir einander umlegen, o. ä.

❍ Zum Ausklang gestaltet jedes Kind auf ein rundes Deckchen „sein" Schmuckstück.

2. Teil

Die individuellen Gestaltungen werden aufgehoben. Das Mittebild bleibt, erinnert uns an den ersten Teil der Erzählung.

Eines Abends setzte sich der Goldschmied nach getaner Arbeit vor das Haus auf die Bank, um sich auszuruhen. Er schaute, wie die Dämmerung heraufzog; und bald darauf war alles von der Dunkelheit eingehüllt wie mit einem nachtblauen Tuch. Am Himmel begannen nach und nach die vielen Sterne aufzuleuchten. Ihr Leuchten am dunklen Nachthimmel weckte in ihm eine große Sehnsucht nach Weite. Still nahm unser Goldschmied das Funkeln und Strahlen in sich auf. In der Nacht träumte er davon ...

❍ Rund um den goldenen Reifen werden nachtblaue Rhythmiktücher angelegt. Wir schauen diese tief dunkelblaue Farbe und erzählen davon. Wir spielen mit den Händen, wie sich die Nacht herabsenkt, sich ausbreitet und alles (uns von oben bis unten) einhüllt.

❍ Die Kinder bekommen unter Augenschluss als Überraschung ein kleines Sternchen in die geöffnete Hand gelegt. Sobald ein Kind die Berührung spürt, umschließt es das Sternchen sogleich mit der Hand. So kann das Geheimnis noch bewahrt werden.

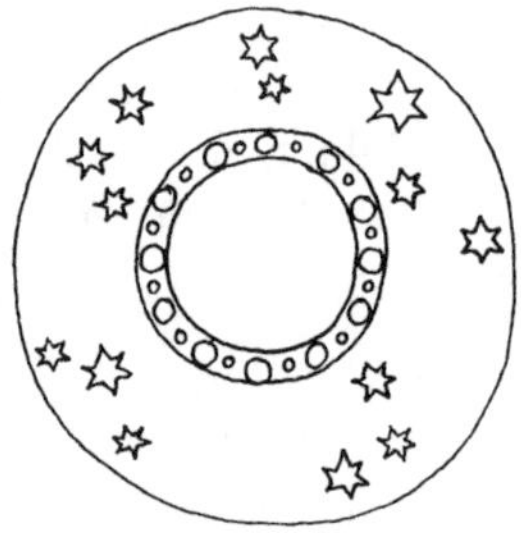

❍ Der Leiter nimmt Blickkontakt mit jedem Kind auf und schenkt ihm einen Zimbelton. Es ist das Zeichen dafür, die Hand zu öffnen, das Geheimnis anzuschauen und allen zu zeigen, indem jedes Kind für sein Sternchen einen Platz auf dem dunkelblauen Nachthimmel sucht und es dort ablegt.

❍ Die Kinder schließen die Augen und dürfen von ihren Sternen am Nachthimmel träumen, ihr Leuchten und Funkeln innerlich sehen. Aus diesem innerlichen Schauen heraus gestalten sie ihre Sternchen mit goldenem Legematerial aus.

Früh am Morgen war der Goldschmied schon wieder fleißig. Mit viel Liebe und Herz formte er, was er am vergangenen Abend geschaut hatte.
Da klopfte es an seiner Werkstatttür und herein trat eine junge Frau. „Womit kann ich dienen?" fragte der eifrige Goldschmied sie sogleich. Zwei fragende Augen blickten ihn an.
„Vielleicht mit diesen zwei Sternenohrringen, die gerade fertig geworden sind?" Es war eine Freude für ihn, sie ihr zu zeigen. Beim Betrachten könnte sie an den Abendhimmel denken, dachte er sich, und an die abertausend Sterne, die er trägt.
Ganz still schaute sie auf die goldenen Ohrringe – und ihre Augen begannen zu leuchten, als ob sie eine Antwort auf die Wünsche der jungen Frau geben wollten. Voll Freude kaufte sie die Ohrringe und ging.

„Ein guter Stern geht mit dir!“ dachte sich der Goldschmied – und sah ihr noch lange nach ...

❍ Die Erzieherin schenkt einem Kind ein Augenzwinkern, einen „Sternenblick“. Dieses wendet sich zum nächsten Kind und blinzelt ihm ebenfalls zu. Vielleicht können wir dabei das Leuchten in den Augen des anderen entdecken.

❍ Mit einer leisen Sternenmusik, CD „Tanz der Schöpfung“, Nr. 7 (RPA-Verlag) umschreiten wir den Sternenhimmel, lassen Sterne auf – und untergehen. Damit findet der zweite Teil der Erzählung seinen Abschluss.

3. Teil

Zum dritten Teil der Geschichte vom Goldschmied wird ein weiteres Bodenbild gestaltet:

❍ Der goldene Reifen auf dem dunkelroten Rhythmiktuch bleibt in der Mitte.

Die Zeit verging. Die Goldschmiedearbeiten gingen ihm wie gewohnt gut von der Hand und viele seiner Kunden verließen, glücklich über das erworbene Schmuckstück, seine Werkstatt.

Da war plötzlich wieder diese Sehnsucht, die er beim Anblick der Sterne in sich gespürt hatte.

Und so zog es ihn an diesem hellen Sommertag hinaus in die weite Welt. Bald war der Rucksack gepackt und sein Weg führte ihn über Straßen, schmale Wege und Brücken zu neuen Städten. Vieles konnte er erleben und auch so manche Gefahr hatte er zu bestehen. Doch alle Erlebnisse sammelte er wie Schätze in seinem Herzen.

❍ Mit Gesten und Gestalten begleiten wir die Erzählung, z. B.:

- Wir packen einen Rucksack, legen Werkzeug und Gold, eine gute Brotzeit und etwas Wäsche hinein.
- Wir nehmen uns bei den Händen. Mit einem überlieferten Wanderlied machen wir uns im Kreis auf den Weg (nach der Melodie des Liedes „Das Wandern ist des Müllers Lust“): „Das Wandern freut den Goldschmied sehr. Das Wandern freut den Goldschmied sehr, das Wandern. Das müsst ein schlechter Goldschmied sein, dem niemals fiel das Wandern ein, das Wandern, das Wandern.“
- In unserer Vorstellung schauen wir in die uns umgebende Welt. Wir wandern über Berge und durch Täler, über Wiesen und schmale Brücken.

- Wurzeln, Zapfen, Steine, Moos, ausgewähltes Legematerial und Rhythmiktücher werden bereitgestellt, damit die innerlich erschauten Landschaften im Miteinander um den goldenen Reifen in der Mitte gestaltet werden können.

❍ Mit unserem Wanderlied umschreiten wir das entstandene Bodenbild und betrachten es anschließend in Stille.

❍ Auf bereitgestellten Instrumenten wie Glockenspiel, Xylophon, Rasseln, Triangel, Zimbeln, Klangstäben usw. spielen die Kinder, was der Goldschmied erlebt, z. B.:

- er findet eine Quelle
- wandert am Bach
- geht einen weiten Weg
- hört das Rauschen der Bäume
- sieht die Sonne aufgehen
- geht über eine Blumenwiese oder durch einen dunklen Wald
- begegnet verschiedenen Menschen o. ä.

❍ Alle schönen Erlebnisse können wir wie der Goldschmied im Herzen aufbewahren. Wir legen die Hände auf unser Herz, schließen die Augen und träumen still, wovon wir gehört haben: Was will ich davon mitnehmen in meinem Herzen?

Viele Tage und Wochen war er nun schon unterwegs.
Da zog es ihn eines Tages wieder nach Hause in seine heimatliche Werkstatt.

❍ Jedes Kind wird eingeladen, mit seinen Armen ein Dach über seinem Kopf zu bilden und frohgemut, wie der Goldschmied, aus seiner Werkstatt herauszuschauen. Wir sprechen oder singen gemeinsam: „Wie schön ist es wieder zu Hause zu sein! Das macht froh, das ist fein!“

Wie zufrieden und erfüllt war er, als er an seiner alten Werkbank saß und mit dem Gold, das er von seiner weiten Reise mitgebracht hatte, ein Werkstück begann. Er formte es bedächtig, lauschte in sich hinein und dachte an die vielen Erlebnisse seiner langen Reise. Er dachte daran, dass er fortgegangen und reich beschenkt heimgekommen war. Da hatte er mit seinen Händen und mit seinen Werkzeugen wie von selbst eine goldene Kugel geformt. Er bewegte sie in seinen Händen hin und her.

Zu seinem Erstaunen entdeckte er auf der goldenen Oberfläche immer wieder neue Farbtöne. Es war, als hätte ein Zauber sie in die Kugel hineingeschmiedet. Von nun an war seine goldene Kugel sein kostbarster Schatz.

❍ Unter einem goldenen Tuch verborgen legt die Erzieherin eine goldene Kugel in das Mittebild. Behutsam wird das Tuch geöffnet, so dass es die Kugel einrahmt.

❍ Jedes Kind schließt – wenn es an der Reihe ist – seine Augen. Es empfängt die goldene Kugel. Es ertastet zuerst ihre Form, schaut sie dann mit geöffneten Augen und legt sie vorsichtig in die geöffneten Hände seines Nachbarn. Bei leiser Musik wird die goldene Kugel von Hand zu Hand herumgereicht. Schließlich wird sie wieder in die Mitte gebracht.

❍ Mit unseren Händen verbinden wir uns zur runden Form des Reifens, der Kugel, zum Kreis. Wir schauen die goldene, kostbare Mitte und bedenken, was wir gehört haben.

GEBET

Der Goldschmied erlebt kostbare Momente in seinem Leben.
Er bewahrt in seinem Herzen, was ihn bewegt.
Daraus formt er Schmuckstücke.
Er spürt: Was ich sehe, höre, spüre, denke und fühle macht mich reich.
Er weiß: Jeder Augenblick meines Lebens ist kostbar.
Guter Gott, hilf uns,
dass auch wir hören, sehen, fühlen und denken können wie der Goldschmied.
Du schenkst uns unser Leben – und jeder Augenblick ist kostbar.
Amen.

KURSAUSSCHREIBUNGEN

GANZHEITLICH – RELIGIÖSE PÄDAGOGIK IN KINDERGARTEN, SCHULE UND GEMEINDE

Dieser offene Kurs wendet sich an Erzieherinnen, Lehrerinnen, Katechetinnen und interessierte Eltern. Themen der Treffen richten sich nach dem Jahreskreis und dem Kirchenjahr.

ZEIT- und ORTSANGABE:

Termine:	29.03. / 10.05. / 19.07. / 20.09. / 11.10. / 22.11.2003
Beginn:	9.00 Uhr Ende: 15.00 Uhr
Leitung:	Walter Liehmann
Ort:	Fachakademie für Sozialpädagogik Hiltenspergerstr. 82, 80796 München (U-Bahn-Haltestelle Hohenzollernplatz)

ANMELDUNG:

Es wird gebeten, die Anmeldung unter Angabe der vollen Adresse und Telefonnummer zu tätigen bei:
Walter Liehmann, Tel: 08053/798679, E-mail: walter.liehmann@gmx.de

„DU BIST MEIN GELIEBTES KIND“

Taufsymbole als Hilfen zur Selbstwerdung mit Kindern entdecken

Die Kraft der alten Symbole neu zu entdecken, kann nicht nur das Verständnis des eigenen Glaubens vertiefen, sondern auch zur Identitätsfindung von Kindern und Erwachsenen erlösende und heilende Zugänge eröffnen. In der ganzheitlichen Erschließung dieser Zeichen, im gemeinsamen Singen, Tanzen und Gestalten können wir uns an die ursprüngliche Bedeutung der Taufe als symbolisches Sterben und Auferstehen, als Durchschreiten eines Stromes und Aufbruch zu neuen Ufern und paradiesischen Gefilden erinnern.

ZEIT- und ORTSANGABE:

Beginn:	Freitag, 23. Mai 2003, 18.00 Uhr mit dem Abendessen
Ende:	Sonntag, 25. Mai 2003, 13.00 Uhr mit dem Mittagessen
Referenten:	Margot Eder, Klaus Gräske, Pfr. Rainer Hepler
Ort:	Kardinal-Döpfner-Haus, Freising
Kosten:	€ 82,-- / € 76,-- (ermäßigt)

ANMELDUNG:

Bitte schriftlich bis spätestens 7. Mai 2003 beim:
Bildungszentrum Kardinal-Döpfner-Haus
Domberg 27, 85354 Freising, Fax: 08161/181-205

KURSAUSSCHREIBUNG

MIT KINDERN WELT ENTDECKEN UND DEUTEN

Der Wochenkurs richtet sich an Erzieher, Katecheten, Lehrer, interessierte Eltern. An Hand praktischer Beispiele und mittels entsprechender Übungen sollen Wege ganzheitlicher christlicher Erziehung aufgezeigt werden.

Das Spektrum der Kurse umfasst:

Übungen zur Stille und Sammlung,
Übungen zur Kreis- und Gruppenbildung.

Liedgestaltung in Bewegung und Tanz.

Erschließung von „Lebenswissen" aus der Schöpfung
und im Umgang mit Zeichen, Symbolen, Märchen,
Legenden, biblischen Erzählungen.

Gestaltung der gewonnenen Erfahrungen mit „Materialien",
in der Klangsprache, Pantomime und im Tanz.

ZEIT- und ORTSANGABE:

Beginn:	Montag, 1. Dezember 2003, 14.30 Uhr mit dem Kaffee
Ende:	Freitag, 5. Dezember 2003, 13.00 Uhr mit dem Mittagessen
Leitung:	Franz Kett und Thomas Brunnhuber
Ort:	Oase Steinerskirchen, Besinnungshaus der Herz-Jesu-Missionare 86558 Hohenwart (Oberbayern) Telefon: (08446) 9201-0, Telefax: (08446) 1233

KURSGEBÜHREN:

Einzelzimmer:	€ 154,--
Doppelzimmer:	€ 124,--
Kursgebühr:	€ 75,--

ANMELDUNG:

Es wird gebeten, die Anmeldung nur schriftlich zu tätigen unter Angabe der vollen Adresse, Telefonnummer und des Berufstandes bei:

Franz Kett
Irisstraße 4
D – 82194 Gröbenzell

KURSAUSSCHREIBUNG

MITTEN IN DER NACHT
IST EIN STERN ERWACHT

An einem Wochenende bereiten wir uns im Rahmen des ganzheitlichen Weges auf den Advent und die Feier des Weihnachtsfestes vor.

ZEIT- und ORTSANGABE:

Beginn:	Freitag, 5. Dezember 2003, 18.00 Uhr mit dem Abendessen
Ende:	Sonntag, 7. Dezember 2003, 13.00 Uhr mit dem Mittagessen
Leitung:	Franz Kett und Elisabeth Gassner
Ort:	Oase Steinerskirchen Besinnungshaus der Herz-Jesu-Missionare 86558 Hohenwart Telefon: (08446) 9201-0 Telefax: (08446) 1233

KURSGEBÜHREN:

Einzelzimmer:	€ 74,--
Doppelzimmer:	€ 59,--
Kursgebühr:	€ 40,--

ANMELDUNG:

Es wird gebeten, die Anmeldung nur schriftlich zu tätigen unter Angabe der vollen Adresse und Telefonnummer bei:
Franz Kett
Irisstraße 4
D – 82194 Gröbenzell

ERGÄNZEND ZU DIESEM HEFT ERSCHEINT:

Bildermappe:	Das Leben begreifen 8 Farbbilder, Lieder und Texte zum Thema	**€ 6,20**
Poster:	Titelbild des Heftes im Format A1, (ca. 60 x 80 cm)	**€ 3,80**
Handbild:	Titelbild des Heftes in Originalgröße	**€ –,30**

Weiteres Material zum Thema:

Mappe und Poster RPP 81/3
„In Gottes guten Händen" (siehe Foto)

Heft, Mappe, Poster, Handbild RPP 3/82,
Dias, Cassette, Gebetbuch, s. S. 8
(Poster = Gesamtbild der Mappenbilder)

Heft, Mappe, Poster, Handbild RPP 2/85
„Was ihr dem Geringsten meiner Brüder getan habt, das habt ihr mir getan".
s. S. 11

ACHTUNG!

Ab 15. März 2003 werden anfallende Versandkosten in Rechnung gestellt. Als Ausgleich senken wir viele unserer Preise.

NEU

Ab sofort finden Sie unsere Homepage im Internet s. unten.

Bestelladresse: **RPA Verlag**
Gaußstraße 8 · 84030 Landshut
Telefon: (08 71) 7 32 37
Telefax: (08 71) 7 39 96
E-mail: RPAVerlag@web.de
Internet: www.rpa-verlag.de

RPA-Verlag
religionspädagogische Arbeitshilfen GmbH
Gaußstraße 8, D-84030 Landshut
Tel. (0871) 73237 · Telefax (0871) 73996
E-mail: rpaverlag@web.de
www.rpa-verlag.de

ISBN 3-86141-167-9